Introduction to Economics

世の中の見え方が ガラッと変わる
経済学入門

川本明
矢尾板俊平
小林慶一郎
中里透
野坂美穂

PHP

はじめに

この本は、経済学を単なる知識ではなく、現実を理解する道具にしたいと思って書いた本です。元来、経済学の教科書と言えば、難解でとっつきにくい印象がありましたが、最近は、図解をたくさん入れ、わかりやすさを売りにする入門本も多く出てきています。ただ、そうした本で経済学が「わかった」としても、それだけで終わってしまうのはもったいないと思います。

本書では経済学のエッセンスを理解したうえで、現実の経済問題に鋭く切り込みます。世の中の見え方がガラッと変わるはずです。これまでボンヤリとしか見えていなかったことがクリアに見えるようになる——そんな経済学の「醍醐味」を皆さんも手にしてみませんか。

この本を書くきっかけは、経済教育の現状を知ったことでした。今の高校生と話をすると、経済を勉強する「政治経済」は、日本史や世界史などに比べ不人気な科目だそうです。経済学の基本についてきちんと学ぶ時間が与えられないにも関わらず、大学受験の勉強として覚えるべき知識の量は膨大だからです。うんざりするのも無理ありません。

こうした実態を知って、本書の著者一同はたいへん心配になりました。アメリカの高校生が学ぶ教科書は、経済学をしっかり基本から理解する内容になっています。そもそも、私たちの人生は経済に関わらないで過ごすことはできません。どの職業に就いたらいいのか、もらったお給料をどう使い、貯めておくのか、今マイホームを買うべきなのか否か……人生の重要な分かれ道の判断も、本来は経済の理解抜きにはできな

いはずです。それなのに、多くの人が経済学の基本も知らないままでよいのでしょうか。

　経済の理解が求められるのは、個人の人生の重要な選択のときに限りません。たとえば、消費税の問題です。「消費税の税率をもっと引き上げないと日本の財政はもたない」という意見がある一方で、「消費税の税率を上げると景気が悪くなり、経済が成長できなくなる」という意見もあります。2016年夏に予定されている参議院選挙からは有権者年齢が引き下げられます。読者の中には初めて投票する人もいるかもしれません。増税すべきかどうか、投票するときの皆さんの判断基準はなにになりますか？　「経済の専門家でもないのに、そんなことを急に聞かれても困る」と思った人もいるでしょう。それでも、有権者として増税への賛否の判断を求められるのは同じです。

　日本の経済は、人口の高齢化や技術革新、世界経済の動きによって今後も大きな変化を迫られるのは確実です。こうした変化に対しては、世の中の耳目を集めるようなセンセーショナルな報道や書物もたくさんあります。しかし、そういったものを読んでわかったような気になるのが一番危険です。各人が経済の基本を理解し、自分できちんと判断する力を持たなければ、社会全体として大きな失敗をしてしまうことも十分に考えられます。そうならないために、私たちが持つべき道具が経済学なのです。

　こうした思いで、経済学を専門としない幅広い層の方々に向けて本書を書きました。経済学の基本的なものの見方を知り、経済学を使って現代日本のさまざまな問題を考える第一歩としていただければ幸いです。

はじめに

経済を見る「虫の目」「鳥の目」「魚の目」

　本書では、読者に「経済学のメガネ」をかけて、経済の様子を見てもらおうと思います。そのために３つの目──「虫の目」「鳥の目」「魚の目」を用意しました。

　第１部「虫の目」とは、「ミクロ」の視点です。現代の経済では、さまざまな財（モノ）やサービスごとに「市場」があります。市場の働きに注目して、価格によって需要と供給が調整される仕組みや、市場が働くとなぜ社会には大きなメリットが生じるのか、などを考えていきます。たとえて言えば、道端に咲いている花はなにか、近づいてくる動物はネズミなのかウサギなのか、などを詳細に見ていく見方です。──（第１章、第２章）──

　次は、第２部の「鳥の目」の視点です。鳥は空の上から地上を見ています。細かいことは目に入りませんが、東の方に煙が上がっているとか、動物の群れがどっちに向かっているか、などははっきりわかります。このように、国民経済全体を「俯瞰」して全体を見るのが「マクロ」の視点、「鳥の目」です。──（第３章、第４章、第５章）──

　ひとつ注意すべきは、「虫の目」の基本となる市場の働きに関しては経済学者の間でほぼ合意が存在する一方で、「鳥の目」については、特に世界金融危機以後、さまざまな点で論争が続いているということです。

　最後の第３部は「魚の目」です。時代の趨勢を捉える視点です。経済を取り巻く社会環境は、常に変化していきます。もしかすると、今日、「当たり前」だと思っていたことが、明日の朝、起きてみたら「当たり前ではない」ことになっているかもしれません。そんなことはあるわけ

3

ないよ、と笑われる方もいるかもしれませんが、1990年代には、それまで「絶対に潰れない」と思っていた銀行や会社が倒産してしまったのです。こうした事態が起こっても誤りなく行動できるように、瞬時に変化する水流、水温などを敏感に感じ取り、時代を泳ぎきる「魚の目」が私たちには必要なのです。また、変化の可能性を、いつも真正面から率直に見つめることが大事になってきますが、経済学のメガネはそれを助けてくれます。

　2012年12月から始まった安倍政権の経済政策は「アベノミクス」と呼ばれます。「大胆な金融政策」「機動的な財政出動」「民間投資を喚起する成長戦略」の「3本の矢」で、デフレ経済から脱却することを目指し、2015年9月には、2020年までに名目GDP600兆円実現などの「第2ステージ」が宣言されました。また2016年に入り、日本銀行の黒田東彦総裁は、前代未聞の「マイナス金利」を打ち出しました。今後の展開にも注目が集まっています。
　第3部では、こうした現下の経済政策の中で焦点になっている重要な問題、すなわち、財政再建、社会保障改革、地方創生、消費増税、TPP（環太平洋パートナーシップ）協定、経済成長などについて、経済学の視点から実際に考えてみます。——（第6章、第7章、第8章、第9章）——

　最初は少し大変かもしれませんが、経済学の3つのメガネをかけて見れば見るほど、さまざまなことがわかり、面白くなってきます。世の中の見え方がガラッと変わる快感を、本書でぜひ味わってください。

　2016年3月

　　　　　　　　　　　　　　　　　　　　　　　　　　川本　明

世の中の見え方が
ガラッと変わる
経済学入門

目　次

はじめに　1

第1部
ミクロ経済学のメガネ
虫の目

第1章　価格の自動調整機能とその意味

［1］経済を見るときに大切な「虫の目」　20

1.1　「経済がうまく回る仕組み」を解明する ························20

1.2　「ミクロ」の経済学 ··21

1.3　家計と企業──現代経済の基本単位 ·······················22

［2］市場はどう働くか　24

2.1　市場の本質を知るカギは「価格」 ·····························24

2.2　消費者個人の需要は価格にどう反応するか ···············25

2.3　社会全体でも価格が下がれば需要量が増える ···········26

2.4　企業は供給量をどう決めるか ··································28

2.5　「均衡価格」──需給はどのように一致するのか ·········33

2.6　価格には需給を自動的に調整する働きがある ···········35

2.7 消費者も企業も自由だから市場が働く……………………36

2.8 膨大な数の市場が、常時動いている………………………37

2.9 自由を奪われると市場は機能しなくなる ………………38

［3］市場がもたらしている社会的な満足感の大きさ　40

3.1 社会全体の満足感を計算する…………………………………40

3.2 競争と情報により、消費者は大きな満足感を得られる…42

3.3 企業の生み出す価値も計算できる …………………………43

3.4 市場均衡で社会の満足感は最大化する……………………45

3.5 政策や制度を評価する道具を得る …………………………48

3.6 「幸せの数量化」に関する議論…………………………………51

第2章　市場の機能不全とそれを補う方策

［1］市場の働きを妨げないために　56

1.1 市場がもたらす「効率性の実現」……………………………57

［2］市場が働く前提条件　58

2.1 競争の維持（前提条件①）──独占は社会の満足感を奪う…58

2.2 カルテルによる価格の支配は違法 …………………………60

2.3 企業が巨大化するのは社会にとってプラスかマイナスか…61

2.4 「収益が上がらなければ撤退」という規律（前提条件②）…66

2.5 国有企業の規律は弱い、だから民営化が有効……………67

［3］市場の失敗　70

3.1 市場取引から生じる「漏れ」─外部性─（市場の失敗①）…70

3.2 よい外部性と悪い外部性がある ……………………………71

3.3 外部性の具体的事例──地球温暖化の問題 ················72

3.4 外部性の対策は「内部化」 ·······························74

3.5 市場が提供できない財やサービス─公共財─（市場の失敗②）··76

3.6 「政府の失敗」の可能性もある·························77

3.7 公共財以外にも政府は財・サービスを供給すべきか······78

3.8 売手と買手の情報量に差がある場合
　　─情報の非対称性─（市場の失敗③）·················79

3.9 情報の非対称性を克服するさまざまな工夫がある ······80

3.10 人生の重大事への保険は市場では不十分──社会保障··81

3.11 非対称性を是正する規制──国家資格の例 ············82

［4］市場の働きだけでは解決できない分配問題　84

［5］市場をうまく働かせるために──まとめ　87

第2部
マクロ経済学の メガネ
鳥の目

第3章 経済の体調管理①
──財政政策、国民所得の決定

[1] なぜ、「鳥の目＝マクロの視点」が必要か　92

1.1　マクロ経済学の出番は、経済が「風邪をひいた」とき……92

1.2　ミクロの「合理性」がマクロの「不合理性」になる──合成の誤謬…93

[2] 経済全体の「体調管理」は政府と中央銀行の仕事　95

2.1　マクロ経済政策の主役は「政府」と「中央銀行」…………95

2.2　政府による財政政策を通じた経済の調整 ………………96

2.3　中央銀行による金融政策を通じた経済の調整…………97

2.4　経済成長と将来世代への配慮………………………………98

[3] マクロ経済政策の旅に出発する前の3つの準備　100

3.1　マクロ経済政策の世界に住む人々 …………………… 100

3.2　経済は「循環」している …………………………… 103

3.3	バブル崩壊やリーマンショックは悪い経済循環 ········ 105
3.4	GDPという「ものさし」 ································· 108
3.5	「付加価値」を集計する ····························· 108
3.6	名目GDPと実質GDPの違い ······················ 110
3.7	潜在GDPと実際のGDP ···························· 111

[4] 政府はどのように「総需要」をコントロールするのか　115

4.1	需要の要素①──「消費」 ·························· 116
4.2	需要の要素②──「投資」 ·························· 117
4.3	需要の要素③──「政府支出」 ···················· 119
4.4	需要の要素④──「輸出と輸入」 ·················· 121
4.5	総需要の決定 ····································· 123
4.6	45度線分析と政府による総需要の調整 ··············· 125

[5] 政府は失敗することもある　131

第4章　経済の体調管理②
──金融政策、金利・物価の影響

[1] 貨幣市場と中央銀行の金融政策　136

1.1	貨幣の3つの役割 ·································· 136
1.2	「貨幣経済」の成り立ち ···························· 137
1.3	「信用創造」の仕組み ······························ 138
1.4	貨幣需要と貨幣供給 ······························ 143
1.5	貨幣の需給バランスと金利の関係 ·················· 145

[2] マクロ経済政策の影響を考える──IS-LMモデル 149

2.1 貨幣市場における所得と金利の関係──LM曲線 ……… 149
2.2 財市場における所得と金利の関係──IS曲線 ………… 152
2.3 財政政策と金融政策の効果 ……………………………… 154
2.4 財政政策と金融政策の効き目と副作用 ………………… 158

[3] 物価の決まり方 163

3.1 インフレとデフレ ………………………………………… 163
3.2 貨幣現象としての物価 …………………………………… 164

[4] 物価変動と財政・金融政策 167

4.1 物価を考慮したときの総需要と総供給の変化 ………… 167
4.2 物価変動を考慮した場合の財政政策と金融政策の効果 ‥ 170

[5] まとめ 175

第5章 経済の基礎体力を高める
──経済成長のメカニズム

[1] 「危機」を克服するための経済成長 180

[2] 経済成長の今 181

[3] 経済成長のメカニズム 185

3.1 労働力と労働生産性 ……………………………………… 185
3.2 資本と資本生産性 ………………………………………… 186

| 3.3 | 技術進歩 | 187 |
| 3.4 | インフラストラクチャーと制度 | 188 |

［4］経済成長という「挑戦」　191

4.1	経済成長のための「規制改革」	192
4.2	海外の「成長力」を取り込む	193
4.3	「新たな成長」へのイノベーション	197
4.4	変化に対応できる力を養う「教育」	198
4.5	経済成長で期待と希望を生み出す	199

［5］旅の終わりは、次の旅の始まり　201

第3部

現実の問題を「経済学のメガネ」で見る

魚の目

第6章　国の借金と財政再建

［1］日本の財政の問題点　206

1.1　政府も語らない日本の財政問題 ……………………………… 206

1.2　本章の論点 …………………………………………………… 206

［2］日本の財政の持続性　208

2.1　日本の財政の現状 …………………………………………… 208

2.2　日本の財政が破綻する日 …………………………………… 210

2.3　財政破綻を回避する方法はあるか ………………………… 213

［3］経済成長だけでは財政問題は解決できない？　215

3.1　世代重複モデルによる日本の財政のシミュレーション… 215

3.2　経済成長・物価上昇は財政再建の最低条件 …………… 216

［4］財政再建ができないとなにが起きるのか　218

4.1 現在の日本の政策の先にはなにが起きる？ ……………… 218

4.2 国債暴落、金利高騰、インフレ開始 ……………………… 220

4.3 インフレが国民生活に与える影響 ………………………… 221

[5] まとめ　223

第7章　少子高齢化と社会保障・税一体改革

[1] 人口減少と少子高齢化が経済・社会に与える影響　228

[2] 少子化の現状と少子化対策の方向性　231

2.1 出生率の動向 …………………………………………………… 231

2.2 少子化の原因と適切な対応策 ……………………………… 233

[3] 高齢化の進展と公的年金改革の方向性　236

3.1 日本の公的年金制度 ………………………………………… 236

3.2 年金制度改革のこれまでの経緯 ………………………… 238

3.3 マクロ経済スライドの実施の遅れ ……………………… 241

3.4 消費増税をめぐる2つの誤解 …………………………… 241

3.5 社会保障改革の今後の方向性 …………………………… 243

第8章　地方創生と規制改革

[1] どうすれば「地方経済」を元気にできるか？　248

[2] 地方企業の生産性の向上・バランスシートの改善　251

2.1　ゾンビ企業の蔓延 ··· 251

2.2　地方の実質賃金の低さ ··· 254

［3］ 産業構造の転換　256

［4］ 農林水産業の「高付加価値化」　258

4.1　まだまだ未活用の地域資源 ···································· 258

4.2　地域資源を活用した六次産業化 ······························ 259

4.3　六次産業化のノウハウと外部連携 ···························· 260

4.4　六次産業化における流通経路 ·································· 261

［5］ 規制緩和と特区　264

5.1　規制緩和で生産性が向上したケース ························· 265

5.2　規制緩和で「市場の失敗」が生じてしまったケース ····· 266

［6］ まとめ　272

第9章　消費増税、TPP協定、成長戦略

［1］ 消費増税と金融政策の「出口」についてどのように考えるか　278

1.1　アベノミクスと社会保障・税一体改革 ····················· 278

1.2　デフレ脱却と消費増税は両立できるか ····················· 279

1.3　軽減税率導入の是非は？ ······································ 284

1.4　量的・質的金融緩和とマイナス金利の「出口」について ··· 286

［2］ TPP協定・貿易自由化は日本経済にプラスか　288

2.1　大筋合意されたTPP協定 ···································· 288

2.2	比較優位	289
2.3	レントシーキング	291
2.4	貿易自由化のメリット	291
2.5	TPP協定を大きなチャンスにするために	298

［3］日本は経済成長できるか。自分で考える成長戦略　300

3.1	労働と資本は足りているのか	301
3.2	生産性を上げるには	303
3.3	ビジネスを阻む規制の改革	303
3.4	もうかる企業にヒトやカネが集まるためには	305
3.5	経済学から見た「働き方改革」とは	306
3.6	日本企業の低収益体質は改善できるか	307
3.7	大企業の収益性を高める要因とは	308

［4］まとめ　310

おわりに　312

BOX 1 ▶ 個別企業の供給曲線は多様　30
BOX 2 ▶ 生産量や価格の規制は社会の満足感を引き下げる　49
BOX 3 ▶ 独占と競争の間の難問──自然独占　63
BOX 4 ▶ 丙午と1.57ショック　232

第 1 部

ミクロ経済学の メガネ

虫の目

第1章

価格の自動調整機能とその意味

要旨

☞家計と企業は経済という人体の「細胞」。細胞の働きである市場の機能を解明することは、経済の「健康」を保つための基礎知識である。

☞需要について、個人の需要は価格が上がると減少し、社会の需要も同様に価格が上がると減少する。

☞供給について、価格に対する個別企業の反応はさまざまだが、社会全体で見ると供給は価格が上がると増加する。

☞需要量と供給量が一致しない場合、価格が変化して調整する。膨大な数の市場で常時こうした調整が行

われる結果、大きな資源の無駄遣いは起こらない。

☞家計と企業が与えられた価格に対し、各々の立場で一番得をすると思う行動が繰り返されることで、市場が機能する。逆に、価格の変動の自由が奪われると、市場は機能しなくなる。

☞市場で需給（需要と供給）が一致しているときに、消費者も企業も最大の満足と利益を得る。その合計である社会全体の満足感は、円単位で計測できる。この手法を用いれば、制度や政府の政策が経済に与える影響について、定量的・客観的に評価をすることができる。

1 経済を見るときに大切な「虫の目」

▍1.1 「経済がうまく回る仕組み」を解明する

　住む部屋を借りて家賃を払い、運賃を払って会社に行き、コンビニエンスストアで弁当を買う。私たちは毎日、本当にたくさんのモノ（財）やサービスを、売ったり買ったりしながら生活しています。

　日本だけでも1億人近い人たちと何百万の企業が、常時、さまざまな財やサービスを取引していますが、あらかじめなにかしらの行動をとるよう、誰も指令を受けているわけではありません。それなのに、誰も見向きもしない商品が大量に売れ残ってしまったとか、生活必需品を買う行列ができるといったことはめったに起こりません。

　しかも、財やサービスは常に進歩しています。スマートフォンも10年前は全く想像もできないものでしたが、今は日常の一風景です。治療が難しいと思われてきた病気に対しても、効果の高い新薬が次々と開発されています。いずれも誰かが命令してできたものではなく、企業が自らの意思で新たに生み出したものです。

　こう見ると、**経済活動においては、各々が自由に活動することで、個人にも社会にも大きな利益がもたらされています。**

　こうした経済の動きは、普段当たり前で意識していなくても、改めてよく考えてみると、不思議なものです。「それぞれが自分の利益を考えて行動しているだけなのに、どうして経済全体が回っているのだろう？」と疑問に思う人がいてもおかしくありません。なぜ、それぞれの人が自分の欲しいものを買い、各企業が自分たちのもうけのために製品を売るだけで、日常の経済が全体としてやっていけるのか、その仕組みをまずは突きとめてみましょう。

価格の自動調整機能とその意味　第1章

　その仕組みのキーとなるのが、売手と買手が出会う場、**「市場」**です。現実には膨大な数の市場が存在します。市場の働きの基本を理解すれば、その応用範囲は無限に近いと言えるでしょう。逆に、基本を理解しないと、経済の仕組みはわかったようでわからないままで終わってしまいます。

1.2　「ミクロ」の経済学

　経済の仕組みを解明する際に、経済を構成する最小単位である消費者や企業の行動を分析して明らかにする、という立場をとっているのが「ミクロ経済学」です。

　経済全体を1人の人間の身体にたとえれば、消費者や企業はその構成単位である「細胞」にあたります。一方、市場の働きは、そうした細胞の基本的な働きということになります。

　昔、人間が細胞の大きさまで小さくなって人体の中を冒険する『ミクロの決死圏』（1966年）というSF映画がありました。まさにその映画のように「ミクロ経済学」は、経済の成り立ちと働きを、細かい構成単位の動きを積み上げて理解してみようというわけです。

　私たちが普段、生活しているときは、細胞の働きを意識することはまずありません。それでも、細胞は人間の基本単位であり、この働きなくして生命を維持することは不可能です。そして、何十兆個にも上る細胞がうまく相互に調整しながら機能を果たし、全体として1人の人間の生命を支えるという偉大な働きは、経済における市場の働きとよく似ています。

　もちろん、人間の健康も細胞を調べるだけで十分かと言えばそうではなく、身長や体重、体温や血圧など、その時々の体調を調べるということも大切です。

　たとえば、経済では「日本の生産・消費などの規模は成長しているの

か」「日本の景気はよいのか悪いのか」といった問題です。それを解明するのはミクロの反対語である、「マクロ」の経済学の役割になりますので、後の第3章から第5章で説明します。「はじめに」で説明した「虫の目」に対する「鳥の目」ですね。

▌ 1.3　家計と企業──現代経済の基本単位

さて、その「虫の目」で経済を見ると、最初になにが見えるでしょうか。さきほども述べたように、経済の場合は、個々の**「家計」**と**「企業」**が最小の単位だと考えられます。家計は消費の場であり、企業は生産の場です。

我々の生活の1単位は世帯で、日本には5,000万以上の世帯（2015年）がありますが、経済学的には「家計」と言います。家計のメンバーは働いて所得を得て、そのお金でさまざまな財やサービスを消費しています。我々の一人ひとりは生活している限り消費者ということになります。

また、「企業」は日本に170万社以上（法人企業、2014年）あり、家計に提供するさまざまな財やサービスを生産したり、届けたりする事業（ビジネス）を行っています。多くは株式会社などの法人（企業）が給料を払って労働者を雇います。

こうした家計と企業の関係は、図1-1のように示すことができます。これを見ると家計は労働だけでなく、お金も企業に提供していることがわかります。つまり、私たちは労働の対価として得た賃金のうち一部を消費に回しますが、残りは貯金したり、金融商品を買うのに使います（投資）。そのお金は銀行を通じて企業に貸し出されたり、いろいろな会社の株式を買うために使われるのです。家計はその対価として、利子や配当を受け取り、子どもの教育や引退後の生活に備えます。

家計が労働を提供したり資金を融通したりして企業を支えている一方

で、企業は生活に必要なさまざまな財・サービスを提供することで家計を支えています。どちらもお互いにとって必要不可欠な存在なのです。

図1-1 ●企業と家計

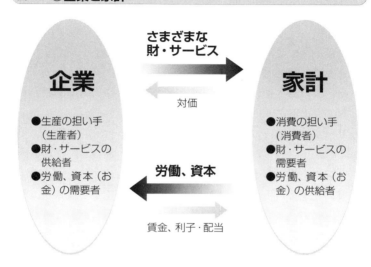

2 市場はどう働くか

2.1 市場の本質を知るカギは「価格」

　経済の最小単位である「家計」と「企業」はいったいなにをしているのか、もう少し詳しく見てみましょう。

　企業は、家計にさまざまな財・サービスを売っているのでしたね。その一つひとつの財・サービスについて見ると、それぞれ多くの企業が売手となり、多くの消費者が買手になっています。コメ、自動車、美容サービスなど、例を挙げればきりがありませんが、ありとあらゆるものについて多数の売手と買手が存在します。

　そして、売手と買手は、お互いに誰に売るか、誰から買うか、を考えながら売買しています。売手と買手が共有しているこうした「場」のことを「市場」と言います。コメ市場、自動車市場、美容サービスの市場など、一つひとつの財・サービスごとに市場があります。

「虫の目」で経済の働きを分解していくと、企業と家計の間の一つひとつの売買取引にたどり着きますが、その取引は、必ず「○○の市場」で行われています。ここでもし、あらゆる市場に共通した働きというものがあれば、経済の仕組みの原理が理解できることになります。

　あらゆる市場に共通した働き……そうです、どんな品物やサービスにも、値段というものがありますね。経済学では**「価格」**という用語を使います。価格の働きを知れば、市場の本質に近づくことができます。

　市場では、価格が自由に変動することで買手と売手が誘導され、**「需要（買手がどれくらい買いたいか）」**と**「供給（売手がどれくらい売りたいか）」**が一致します。**この「価格」と「需要と供給」の関係を理解することが「虫の目」の基本なのです。**

価格の自動調整機能とその意味　第1章

2.2　消費者個人の需要は価格にどう反応するか

　まず買手、ここでは家計＝消費者を考えます。身近な例としてイチゴの市場を考えてみましょう。消費者個人にインタビューし、「今、イチゴ1パックが300円なら、何パック買いますか？」と聞いたとします。すると、「1パックかな」と答えるかもしれません。このとき、価格300円におけるこの人のイチゴの「需要量」は1パックです。「需要量」とは、ある価格ならどのくらい買う意思があるか、という想定量のことです。

　一般的には、1パックの値段が300円よりも下がれば、買いたいと思う量（需要量）は増えるはずです。200円なら2パック、100円なら3パックという具合にです。いろいろなイチゴの価格に対して自分がどう反応するかを想像するとわかりやすいかと思います。

「イチゴ1パックが300円かあ。1パックを今晩のデザートで食べたら、ちょうどいい具合だ。2パック目を食べると多すぎる感じがする。もし1パック200円にまけてくれるなら、少しお腹にもたれても食べてみてもいいけど……」。読者の皆さんは、もしかしたらこのように考えるかもしれません。

　消費者にとって、イチゴ消費の「価値」は1パック目よりも2パック目の方が小さくなります。同じ300円では2パック目は買ってくれません。価格が200円などに下がる必要があります。

　さらに、さまざまな価格に対応してその消費者が何個イチゴを買う意思（需要量）があるかをグラフで示すと、価格と需要量の関係をイメージで捉えやすくなり、また経済学の考え方を直感的に理解できるので便利です。

　ここで縦軸に価格、横軸に需要量をとると、その人の需要は、右肩下がりの線の上にある点で示されます。これをイチゴの（個人の）**需要曲線**と言います[1]。

25

2.3 社会全体でも価格が下がれば需要量が増える

実は、このような個人の集合体である社会全体を考えても似たような話は成り立ちます。イチゴの価格が300円のときに、社会全体のイチゴの需要量の総量が10万トンだとすると、200円に下がると20万トン、100円だと30万トンというように変化するでしょう。そう考えると、**社会全体のイチゴの需要曲線も右肩下がりになります**（図1-2の line 1）。

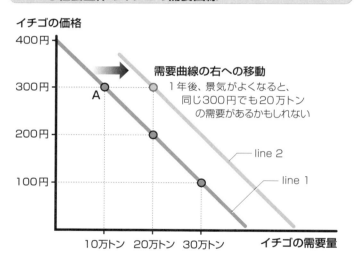

図1-2 ●社会全体のイチゴの需要曲線

今、価格が300円のときにイチゴが欲しい人の需要量を合計すると10万トンと言いましたが、この需要の状態は、図1-2上の縦300円と横10万トンであらわされる点Aで示されています。では、もしイチゴの価格が300円よりも少し低い価格になったら需要量はどうなるでしょう。

値段が300円より少し低くなると、それならイチゴを買ってもいいと

価格の自動調整機能とその意味　第1章

いう人たちが新たに加わったり、同じ人でも買う量が増えたりするので、需要量がそれだけ増えます。需要量は10万トンよりも少し多くなります。価格が少し下がり、需要量はちょっと増えるので、需要をあらわす点は、グラフの上を点Aから右下に少しだけ移動することになります。

　こうした関係を別の言葉で説明すると、**「価格が下がれば需要量は増える」** あるいは **「価格が上がれば需要量は減る」** ということになります。これを経済学では、「需要量は価格の減少関数[2]になっている」と言います。社会全体の経済活動をこうした形で表現できるのは、何世紀にもわたる経済学者の思考の積み重ねの結果です。

　また、この価格と需要量の関係は一定ではなく、常に変化しているものです。たとえば、あるときはイチゴの価格が300円で社会全体の需要量が10万トンだったとしても、1年後に景気がよくなり、人々がもらう給料の額が増えれば、そのときはイチゴの価格が同じ300円でも需要量は20万トンに増えるかもしれません（ただし、そのときでも需要曲線が右肩下がりだという点は同じです）。

　ここからわかるように、ある1本の需要曲線は、「価格と需要量以外の経済の諸条件がすべて一定と仮定した場合」の価格と需要量の関係を示したものなのです。したがって、経済の諸条件が変われば、また別の需要曲線であらわされる（＝需要曲線自体が移動する）ことになります。

　需要の動きを理解するためには、実際に需要曲線のグラフを書いてみることが近道ですが、そのとき、①同一の需要曲線の上での変化なのか、②経済の諸条件が変わり、需要曲線自体が移動したことによる変化なのかを明確に区別することが大事です。たとえば図1-2の line 2 では、景気がよくなり給料（所得）が増加したことでイチゴの需要曲線が右側にシフトしましたが、これは②にあたります。

27

2.4　企業は供給量をどう決めるか

　需要と価格の関係はわかりました。今度は供給側、売手である企業の方を考えてみましょう。イチゴの場合、生産する「企業」は、ある価格なら何パック分を市場に出荷するか、常に考えているはずです。企業がいろいろな価格水準を想定して供給を計画している量を「供給量」、供給量と価格の関係をグラフ化したものを **「供給曲線」** と言います。

　企業は財やサービスの売上とその生産にかかる費用を考えながら、その差である利益が最も大きくなるように供給量を決めるはずです。

　そこで問題は、供給量が増えるにつれ、費用がどう変化するかです。個別の企業の費用は、供給量が増えれば費用も増える場合と、逆に費用が減る場合の両方のケースがあり、それに応じて企業の供給量の決め方も違ってきます（詳しい説明を知りたい方は、この後のBOX 1を読んでみてください）。

　したがって、個別企業の場合は、価格と供給量の関係を一律にこうだと明確に述べることはできません。需要の場合には個人の需要曲線から社会全体の需要曲線を導きましたが、供給の場合は少し事情が違います。

　しかし、価格が上がるにつれて社会全体の供給がどうなるかは、以下のように考えてみると法則性が見えてきます。ここでは具体的に、これまでにも例として使ってきたイチゴの生産で考えてみましょう。

　社会にはいろいろな条件の農園があると考えられますが、イチゴを一定量以上に増産しようとすると、イチゴの生産上あまり条件のよくない土地や、遠隔地の農園も使用する必要が出てきます。条件の悪い農園でイチゴを作ろうとすると、条件のよい農園に比べて余計に人手がかかったり、肥料や運搬の費用がかかったりします。そうすると、イチゴ1パックあたりの供給コストは高くなるはずです。生産量を増やすためには、より高い価格で売れる保証がないと無理でしょう。

　これに基づくと、イチゴの社会全体の供給曲線はどうなるでしょう。

「市場価格がいくらだったら、社会全体で何万トンの生産が想定されるか」を考えてみます。

　縦軸のイチゴの価格が上がっていくにつれ、だんだんコストの高い、条件の悪い企業（農園）も生産に加わってきます。価格が100円のときに供給できる企業（農園）の供給量の合計は図1-3のＢ点で示されますが、価格が100円から上に引き上げられていけば、その価格で供給してもうけを出せる企業（農園）の範囲は広がり、社会全体のイチゴの供給量も増えていきます。

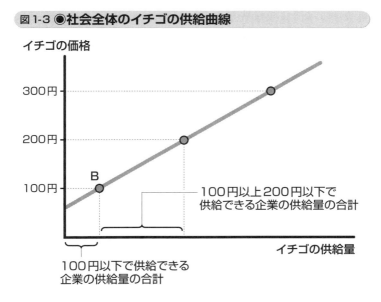

図1-3 ●社会全体のイチゴの供給曲線

　結果として、図1-3のように、価格に対する供給の反応を示す社会全体のイチゴの供給曲線は右肩上がりになります。改めて文章で説明すれば、**「価格が上がれば供給量は増える」**あるいは**「価格が下がれば供給量は減る」**ということです。

BOX 1 ▶ 個別企業の供給曲線は多様

　企業はあらかじめ土地や施設、生産に必要な器具・設備を準備しなくてはなりませんが、それらの費用は生産量がどうなるかに関わらず支払う必要があります。生産する時点ですでに固定されている費用なので「固定費用」と言います。労働者の賃金のうち、経営状況に関わらず、雇用されている限り必ず支払われる「基本給」の部分もこれにあたります。

　他方、企業の生産量（供給量）によって変化する費用を「変動費用」と言います。原材料の購入費、商品の運搬に使う燃料代、生産増に伴って従業員の労働時間を増やしたときに支払う残業代などが、これにあたります。

　このように費用を2種類に分けて見た場合、固定費用については企業は動かしようがないので、供給量をどこに決めるかという問題とは関係がなくなります（ただし、企業は固定費用のことを全く気にしていないわけではありません。次に述べるように、企業は変動費用を基に利益が最大になる生産量を選びますが、その利益で固定費用はまかなえると見込んで事業を始めているはずです）。

　供給量をどう決めるかにあたっては、供給量の変化に伴って変動費用がどう変わるかが重要です。この場合、変動費用については、2つのパターンを考えてみるとよいでしょう。

　図1-4を見てください。上側のXタイプ企業では、点線のように変動費用が生産量の増加につれて減っていきます。原材料を仕入れたり、燃料を購入するとき、まとめて購入するほど単価を下げられる場合がありますが、そうしたケースです。

　（1単位あたりの）費用は、点線で示すように生産量の増加とともに下がっていきます。しかし下がると言ってもどこまでも下がるわけではありません。生産を増やしていくと、設備や敷地をもうこれ

価格の自動調整機能とその意味　第1章

図1-4 ●個別企業の供給曲線

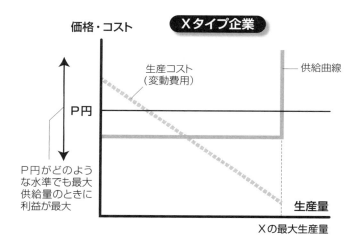

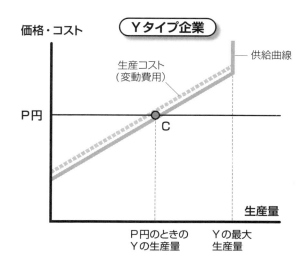

以上使えないという限界に必ずぶつかり、生産量は頭打ちになります。したがって、図で示されるように費用を示す点線は一定量で止まります。その止まったときの生産量（図1-4の「Xの最大生産量」）が最大となります。

　こうした企業がある価格（イチゴ1パックP円）で商品が売れることになったとします。このとき、この企業はどれくらい生産するのが一番もうかるでしょうか。つまり、P円に対応する生産量はどこになるでしょうか。

　1パック売れるごとに、P円の収入が生まれます。この企業は生産量が増えると費用は低下するのでした。収入はP円×販売量ですから、生産・販売する量が増えるほど利益が増えます。したがって、価格に関わらず限界いっぱいまで生産することがもうけを一番多くすることになります。

　どの価格でも生産量は最大のところになりますから、供給曲線は、図1-4のように最大生産量で垂直に立った線になります（ただし、「価格に関わらず」と言いましたが、P円の価格があまりに低いと、たとえ限界いっぱい生産しても費用が売上を上回ってしまうので、一定価格以上である必要はあります）。以上をまとめれば、Xタイプ企業の供給曲線は実線のL字型の折れ線になります。

　これとは費用の状況が異なる場合もあります。図1-4下側のYタイプ企業では、変動費用が生産量の増加につれて増えていきます。たとえば、増産につれて、労働者の残業時間を増やして対応するため、割増賃金を払わなくてはならないような場合です。図1-4で示されるように、変動費用はXタイプとは対照的に増加していきます。

　このような場合、前と同様、イチゴ1パックがP円で売れるとき、企業はどれだけ生産するともうけが最大になるのでしょうか。

価格の自動調整機能とその意味　第1章

　答えを最初に言ってしまうと、変動費用がＰ円に等しくなる供給量、図1-4下側のＣ点です。

　それが正しいかどうか確かめるため、Ｃから供給量を１単位増やしたらもうけがどうなるかを見てみます。図1-4下側のＣの右側を見ると、追加分の費用は増えてＰ円以上になっています。１単位余分に売れたその分の追加収入はＰ円ですから、１単位増やすことは損失を生みます（Ｃのときよりもうけは減ります）。

　それでは逆に、この企業がＣから供給量を１単位減らしたらどうなるでしょうか。減らした１単位分の変動費用はＰ円を下回ります。つまり、もし減らさなければ稼げていたはずの利益を稼げなくなるわけですから、Ｃのときよりやはり利益は減ります。結局、Ｐ円の価格の下で利益が最大になる供給量はＣとなります。

　Ｐ円をいろいろな水準に設定してみれば、Ｙタイプ企業の価格への反応を示す供給曲線が描けます。供給曲線は点線の変動費用と同一の実線で、右肩上がりの折れ線になります。

　現実の企業は、ＸとＹのミックスになっていることが多いと思われます（例：ある生産量まではＸのように変化し、それ以上はＹのように変化する）。つまり、業種や企業の規模によってさまざまに違いがあり、より複雑な形をしていると考えられます。

▌2.5 「均衡価格」──需給はどのように一致するのか

　ここまでは「虫の目」で、消費者の需要と企業による供給が、価格に対してどう反応するかを見てきました。世の中のすべての市場に共通する原理がわかったわけです。これで、社会全体として、イチゴの需要量と供給量が価格とどのような関係にあるか、グラフ上にも描けます。経済の基本である市場の働きの理解まで、あともう一歩です。

33

需要曲線と供給曲線を重ねて描いてみると、図1-5のように、一点で交わります。その一点について見てみると、同じ価格で需要量と供給量が一致しています。経済学では、この価格を、需要と供給が均衡するので「**均衡価格**」と言います。**この均衡価格であれば、社会全体で生産されたものがすべて消費され、無駄もありません。**

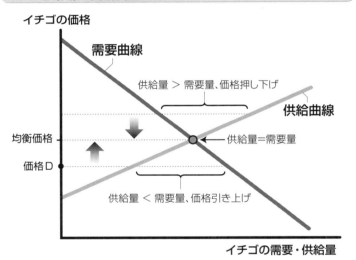

図1-5 ●市場の自動調整の働き

　ただし、均衡価格が存在するということと、それが実現可能かどうかということは別問題です。果たして本当にこの価格は、市場で実現されるのでしょうか。

　たとえば、イチゴを生産する企業の大半は毎年イチゴを売って収入を得ていますから、今年はこのくらいの価格ならこれくらいの量は売れるだろう、というだいたいの予測はできると思います。

　それでも、完全な予測は不可能です。経済には景気・不景気の波があ

価格の自動調整機能とその意味　第1章

り、消費者の懐具合も変化します。景気がよければ高級で高価なイチゴもたくさん売れるかもしれませんが、逆に不景気になれば値段を下げても売れ行きが思ったほど伸びないかもしれません。

また、消費者のフルーツの嗜好も変化します。イチゴ以外の果物が流行ったり、逆にイチゴを使ったパイがその年の大人気のデザートになるかもしれません。もちろん、供給側の条件も年々変化します。天候不順でイチゴの収穫量が例年よりも少ないということもあり得ますし、IT技術を生かした栽培によっておいしいイチゴが増えるかもしれません。

長年イチゴを生産してきた企業でも、その時々の需給の完璧な予測を立てるのは困難です。仮に今回は、イチゴ生産企業がたまたま、均衡価格よりも低い価格D（図1-5）で売り出したとしましょう。なにが起こるでしょうか。

▌ 2.6　価格には需給を自動的に調整する働きがある

イチゴ市場の参加者には見えませんが、我々が見ている図1-5では、価格Dのとき、需要量の方が供給量より多いという状況です。ということは、人々が欲しいと思うイチゴの総量に対して、生産されるイチゴの量は全く足りていません。イチゴは店頭に並んだ途端にどんどん売れていきます。イチゴ生産企業には「もっと在庫はないのか」という問い合わせが殺到するでしょう。

こうした状況を見て、社会に存在するそれぞれのイチゴ生産企業はどうするでしょうか。まずは、価格を上げることを考えるでしょう。ここで価格を上げたとしても、買う人がいなくなって売上が減る心配はないからです。

あるいは、生産を増やすことを考えるでしょう。条件が悪いので以前は頼まなかった遠くの農園からイチゴの仕入れをしても、価格を上げることができれば、もうけを増やせます。

35

いずれにしても、今、見てきたように、需要量の方が供給量より多くなったとき、イチゴ生産企業は価格を引き上げ、供給量を増やそうとするわけです。他方で、価格が上がれば消費者の需要量は減ります。企業が供給量を増やしていますので、需要量と供給量の差は縮まり、需給のバランスがよくなります。

　勢いあまって価格が上がりすぎ、今度は供給量が需要量を上回る状態になるかもしれませんが、そのときは価格が下がることでバランスを回復できます。

　このように、価格に売手と買手が反応し、さらにその反応によって価格が変化し、変化した価格にさらに売手と買手が反応し……と、繰り返すことで需給のバランスがとれていき、社会的に無駄のない状態が実現されます。

2.7　消費者も企業も自由だから市場が働く

　ここで重要なのは、イチゴを消費する消費者も生産する企業も、**誰にも命令されることなく、価格を見て自分に一番都合がいいと思うことをしているだけで、需給が自動的にバランスしていく**ということです。

　消費者は自分の予算の範囲内で、その価格で買いたいだけ買い、企業はその価格で一番もうけられるように、生産の量を決めています。消費者が価格に反応する、つまりいろいろな財やサービスの価格を見ながら、自分に一番いいと思う量を買うことは、我々の日常ですね。

　企業が利益を大きくしようとするのも普通のことでしょう。なぜなら、利益がないと企業は設備を新しくしたりすることが難しくなり、最終的には存続できなくなってしまうからです。また、市場価格は常に変化しますから、企業は価格が低くなっても利益を維持できるよう、生産方法の工夫なども怠ることはできません。

　つまり、消費者も企業も、市場では各々の都合を考えて自然に行動し

価格の自動調整機能とその意味　第1章

ているだけで、特に誰に指示されて動いているわけではありません。経済を人体の働きにたとえたとき、各々の消費者や企業は細胞のようだと言いましたが、こうした市場の働きは無意識下でも自然に働く「自律神経」の働きにたとえてもいいかもしれません。

2.8　膨大な数の市場が、常時動いている

　これまでイチゴの例で説明してきましたが、あらゆる財やサービスについても同様に、価格によって需給が自動的に調整されています。

　ガソリンで考えてみましょう。自動車を運転する人はガソリンスタンドで給油します。どのガソリンスタンドにもリットルあたりの価格が表示されていて、ドライバーはその価格情報にはいつも注意を払っています。

　近年、シェールガスという新しい燃料が開発され、エネルギー供給は増加（正確には供給曲線が右にシフト）した一方、新興国などの経済の勢いが衰えたために石油を使う産業活動は停滞し、エネルギー需要は縮小（正確には需要曲線が左にシフト）しています。その結果、ガソリンを作る原料である原油の価格は低下しており、自動車を利用する人や企業の負担は減っている一方で、原油の売手であるロシアや中東諸国は苦境に陥っています。

　さて、たとえば、あなたの近所のガソリンスタンドが仕入れるガソリンの値段が低下しても、「このままの価格でいけるなら、リッターあたりのもうけが増える」と思って、価格を据え置いたとしましょう。一方、隣町のガソリンスタンドでは仕入れ値の低下を受けて、価格も引き下げたとします。

　こうした場合、店頭に出ている価格を見て、多くのドライバーは、給油するときは価格の低い隣町のガソリンスタンドに行くでしょう。そうすると、価格を据え置いた近所のガソリンスタンドは客足がいつもより

37

だいぶ減ってしまいます。結局、近所のガソリンスタンドは隣町のガソリンスタンドと同じ価格に下げざるを得ません。そうすることで、またお客さんは戻ってくるでしょう。

これもほんの一例にすぎません。膨大な数の財・サービスの一つひとつに価格がつき、何億何千万という消費者と企業が毎日、全体の計画なしに各々の自分の判断に基づいて取引をし、大きな過剰も不足もなく需要と供給がバランスしている——これが「市場」という現代の経済の基本的仕組みです。

▌ 2.9　自由を奪われると市場は機能しなくなる

これまでの話は、企業も消費者も生産量や価格について政府から規制は受けていないことが前提となっていました。企業はどんな市場でももうけが得られると思う限り自分の責任で商売ができる、「営業の自由」も前提です。

一方、1917年のロシア革命後のソビエト連邦や第二次世界大戦後の東欧では、企業の生産量や市場での価格は、政府が決めていました。これを社会主義経済と言います。しかし、社会主義経済は、誰も使わない電気製品が大量に余ったり、逆に生活必需品が不足したり、また政府の規制をかいくぐって品物やサービスを売買する人や企業が増えたりして、国民の不満を抑えきれなくなり、挫折しました。

社会主義経済ではない国でも、個別の品物やサービスについては、価格や生産への規制は存在します。たとえば、日本を含む多くの国では、賃金は決められた最低水準以上でないといけないことになっています。また、日本ではあまり聞きませんが、外国では、家賃が高騰すると貧しい人が家賃を払えなくなるという理由で、地方政府が家賃に上限を設けている事例もあります。

所得が低い人を助けようとするこうした規制には賛同する人が多いと

価格の自動調整機能とその意味　第1章

思います。しかし、こうした状態では、市場に参加する消費者や企業が自由に価格を選べないため、需給のバランスが崩れてしまいます。

　賃金を少し下げれば雇用が増やせる企業もそれができなくなり、上限より少し高い家賃なら喜んで部屋を貸す大家さんもそれができません。その分、雇用機会が減り、家を借りたい人の需要を満たすことができなくなります。そのため経済学では、所得が低い人を助けるのであれば、価格（賃金）などを規制するより、税制や手当を通じて直接行う方が効率的だと考えます。

市場がもたらしている社会的な満足感の大きさ

■ 3.1　社会全体の満足感を計算する

　さて、ここまで、さまざまな市場でそれぞれの消費者や企業が自らの都合を考えて自然に行動する中で、価格を通じて需要と供給が自動的にバランスするということを理解しました。第2章で説明する例外的なケースを除き、経済の多くの部分は、このような市場という、自然発生的でありながら、自動的に需給を調整してくれる仕組みで動いています。細胞の働きを理解せずにケガや病気の治療をするのは危険ですが、市場の機能を理解しないで規制などの政策を行うのも、経済にとっては同様に危険です。

　このように、**経済の仕組みの骨格とも言える市場の機能ですが、その生み出す価値の大きさは数字であらわすこともできます。**

　市場の需要曲線と供給曲線がわかり、(イ)という条件で成り立つ価格と取引量、(ロ)という条件で成り立つ価格と取引量がわかれば、(イ)と(ロ)はどちらが社会に大きな価値をもたらすかを比較できるからです。

　たとえば、ある産業を規制すべきかどうか。(イ)＝規制あり、(ロ)＝規制なしとして、社会にとっての価値を算出して比較すれば、(イ)と(ロ)のどちらを選ぶべきか、有力な判断材料が得られます。

　もう少し詳しく見ていきましょう。図1-6を見てください。今、イチゴの価格が150円でちょうど需要と供給が一致したとします。この150円の均衡価格は「市場価格」とも言います。そのとき、市場で過不足なく売買される量は仮に25万トンとします。この25万トンを買うさまざまな消費者のことを考えてみましょう。

価格の自動調整機能とその意味　第1章

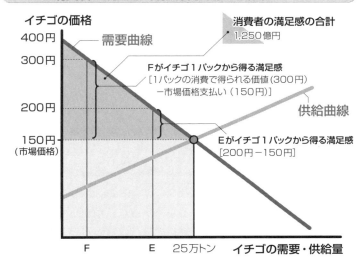

図1-6 ●消費者の満足感（消費者余剰）の計測

　消費者がイチゴ1パックを価格150円で買っている、ということは、当然その値段でイチゴを食べることは消費者にとってハッピーなはずです。この価格150円で買う人々というのは、ちょうどイチゴ1パックから150円の価値を感じる人々、200円の価値を感じる人々（図1-6のE）、300円の価値を感じる人々（図1-6のF）などの合計です。

　200円分の価値を得るEにいる人たちにとって、150円で買えたということは「50円分のお得」ですし、Fにいる人たちにとっては300円－150円で「150円分のお得」です。

　では、なぜ消費者がこうした「お得」を得られているのでしょうか。ここに、経済学による市場の考え方の大きなポイントが潜んでいます。

3.2 競争と情報により、消費者は大きな満足感を得られる ─

　たとえば、ここでもし売手が全国でたったひとつの独占イチゴ企業だった場合を考えてみましょう。この場合、イチゴが好きで、内心、1パックに300円までなら出してもいいと思っている人は、おそらく150円よりも高い値段でもイチゴを買うでしょう。その場合、さきほどの例で得られた「150円分のお得」は少なくなってしまいます。つまり、**この「お得」は「市場が働いている＝さまざまな企業が競争している」からこそ得られたものだと言えます。**

　また、価格や相手に関する情報が得やすいのも市場が働く条件と言えます。たとえば、自分の土地を売ろうとする場合、近隣の土地がだいたい坪いくらぐらいで売買されているか、正確にはわからないことが多いです。これに対し、株は取引所で毎日大量の売買が行われていますが、どの会社の株の価格もスマートフォンで瞬時に確認できます。市場の「透明度」は不動産市場よりも株式市場の方が高いと言えます。透明度が高い方が市場はよりよく機能します。

　このように、**「多数の売手と買手が自由に交渉や取引ができる」という条件が満たされる限りは、消費者は、自由な取引によって支払額を超える価値を得ることができます。これが市場の大きなメリットです。**

　さきほど見た「お得」、つまり支払額を超える消費者にとっての商品価値のことを、経済学では**「消費者余剰」**と言います。「消費者が取引の結果得られる満足感（価値−価格）」と説明した方が理解しやすいかもしれません。

　これまで見てきたような消費者の満足感は、具体的にお金の単位で計算することが可能です。消費者が全体として、ある市場でどれだけ満足しているか、○○円という単位で計算をすることができるのです。

　図1-6をもう一度見てみましょう。イチゴの市場価格が150円であるとき、たとえばイチゴ1パックに300円の価値を感じる人（F）の満足感

は300 - 150 = 150円、200円の価値を感じる人（E）の満足感は200 - 150 = 50円になります。

　このとき、需要曲線と「価格 = 150円のライン（横線）」の間にひかれた「縦の線」が、それぞれの満足感をあらわしていますね。このように、1パック分のイチゴから各消費者が得る満足感はさまざまです（＝「縦の線」の長さはさまざまです）。

　ただ、このとき、価格 = 150円のライン（横線）を底辺とする三角形の中に存在するこのような「縦の線」をすべて足し合わせていくと、最終的にはこの三角形そのものになりますよね。つまり、「縦の線の総和 = すべての消費者の満足感の合計」は、図1-6の濃く色のついた三角形の面積であらわすことができるのです。

　この場合の面積を計算してみましょう。この三角形の面積は、250円（＝400円 - 150円）×10億パック×1／2 = 1,250億円になります（ここでは、1トンあたり4,000パックと仮定し、25万トン = 10億パックという数字にしています）。

　実際に消費者が支払っている額の合計は、単価150円で10億パック分ですから、1,500億円（図1-6の薄く色のついた長方形の面積）となります。これにさきほど計算した「お得分」1,250億円を加えると2,750億円となります。つまり、消費者はイチゴの消費から2,750億円の価値を得て、そのために1,500億円を支払うので、最終的に1,250億円の満足感（消費者余剰）を得ていることになります。

┃ 3.3　企業の生み出す価値も計算できる

　他方、この場合に企業が社会に生み出す価値は計算できるでしょうか。次ページの図1-7を見てみましょう。消費者が支払う額1,500億円は、企業の収入になります。企業の手元に残る価値（利益）は、そこから費用を差し引いた分で、**「生産者余剰」**とも言います。

一方、企業が生産に要した費用の合計は、図1-7のグラフ上では供給曲線の下側部分の面積であらわされます（これは、社会全体の供給曲線が、イチゴの生産企業を費用の低い順に左から並べたものであると考えるとわかります。このとき、ある生産量までの供給曲線の下側の面積は、その時点で生産を行っている全企業の費用合計をあらわしていると言えます）。

したがって、総収入にあたる長方形の部分（1,500億円分）から、その部分を差し引いた三角形の面積が企業利益の合計です[3]。

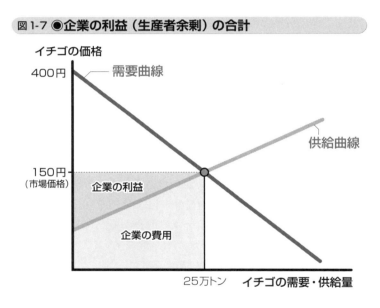

図1-7 ●企業の利益（生産者余剰）の合計

企業が生み出した価値は、企業の持ち主（株式会社の場合は株主である消費者）に分配されて他の財やサービスの消費に使われます。それ以外には、企業の将来の生産のための設備投資の原資（元手）になって、やはり将来の消費者のために使われます。つまりは**生産者余剰も最終的には消費を拡大することにつながり、社会の満足感が増大すると考えるこ**

とができます。

3.4　市場均衡で社会の満足感は最大化する

図1-8で見るように、「消費者余剰」（濃く色のついた三角形の面積）と「生産者余剰（－固定費）」（薄く色のついた三角形の面積）を合計すれば、イチゴの生産と消費が社会全体に与える満足感となります。こうした社会全体に与える満足感は、市場価格が成立し、需給が一致するとき（市場均衡）に最も大きくなります。

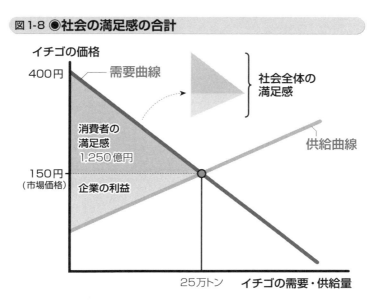

図1-8 ●社会の満足感の合計

仮に、価格が市場価格よりも高い場合（たとえば200円）には、需要量が市場均衡よりも少なくなります。このときの社会全体の満足感は、次ページの図1-9の合計面積で示されますが、この面積は図1-8の市場均衡

のときよりも縮小しています。価格が市場価格よりも低い場合も、社会全体の満足感は同様に縮小してしまいます。つまり、**市場で自由に売手と買手が取引をすることによって市場均衡がもたらされ、社会全体の満足感が最大化するのです。**

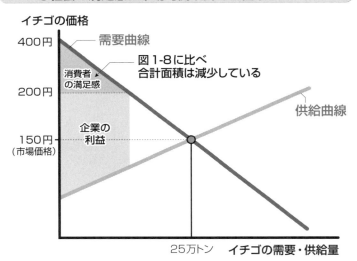

図1-9 ●社会の満足感は市場均衡以外では低下

こうした、「社会全体の満足感（＝消費者の満足感＋企業の利益。経済学で"総余剰"とも言います）」は、市場で取引されるあらゆる財やサービスについて存在します。現代が「豊かな社会」と言われることが多いのは、いくつもの市場で、上記で述べたような多数による自由で活発な取引が行われて、それに伴い消費者にとっての満足感が増大、蓄積してきた結果なのです。また最近は、インターネットなどの普及によってさらに多様なコミュニケーションや楽しみ、あるいはサービスが、とても安価に、またスピーディに入手できる時代になりました。これも巨大な

価格の自動調整機能とその意味　第1章

社会全体の満足感を生み出した事例のひとつです。

　イチゴの事例は仮想ですが、消費者がある財やサービスについて「いくら支払う意思があるか」ということは、その気になれば、また一定の費用をかければ、調査することができます。その情報を基にして統計的手法を用いれば、社会全体の消費者の満足感の大きさをかなり正確に、円単位で推計することが可能です。実際に経済学者によって、多くの計算事例が発表されています。

　今まで見てきたように、経済学が考える社会的な満足感は、その財やサービスを「いくらなら買いたいか」「○○円であればこれだけ買いたい」という個々の消費者の判断が基になっています。個々の消費者の多様な価値観を反映させて数値化し、それを合計して社会的な満足感を決める計算手続きは、ある意味、たいへん民主的とも言えます。

　物事の決め方にトップダウン（上から）、ボトムアップ（下から）という２つの方法がありますが、経済学の場合は、これまでに見たように、消費者それぞれによる独立した判断が源泉であり、ボトムアップの決め方に他なりません。消費者が欲しくないものをいくら作っても、社会的には意味はないということにもなります。

　逆に、市場における企業は、消費者がなにを欲しているかをいつも考え、商品を開発し、販売していくことに精を出します。

　たとえば、消費者は安全性と利便性を強く求めますから、自動車の運転も今後は自動化されていくのでは、と言われています。技術的に現在はまだ難しい点があったとしても、消費者の求めるところがそこにあるのであれば、企業はいろいろな工夫でその実現にしのぎを削り、場合によっては巨額の研究開発にも投資します。

　将来の社会の動向を予測し、そのときの消費者のニーズはなにか、それに応える製品やサービスはなにか——こうした企業努力の積み重ねによって現代社会は進歩を遂げているわけです。

47

3.5 政策や制度を評価する道具を得る

　人々が市場から得ている満足感を、社会全体として貨幣的な数量（〇〇円）であらわせるということは、大きな意味があります。いろいろな政府の政策が社会全体の満足感（総余剰）をどれだけ変化させるのか、定量的に評価することができるからです。

　たとえば、環太平洋パートナーシップ（TPP）協定は、日本や米国など12か国が交渉して合意に達した貿易自由化の国際協定です。貿易自由化とは、輸入品にかけている税金、すなわち関税を各国が相互に引き下げることですが、TPP協定によって、日本の自動車など工業製品の輸出にかかる外国の関税は引き下げられる一方、日本でもいろいろな農産品の輸入にかかる関税が引き下げられることになります。

　上記で説明した分析の道具を使えば、TPP協定の前と後で、消費者余剰と生産者余剰はどれだけ変化するのかを推計することが可能です。さまざまな前提を置いてのことになりますが、「社会全体の満足感」を増やすのか減らすのか、しかもそれはいくらぐらいなのか、だいたいの目安を知ることができます。

　ちなみに、輸入関税を引き下げると、「生産者余剰」（日本企業のもうけ）は減りますが、消費者が安く、かつ多くの商品を消費できるようになるため、それを上回って「消費者余剰」は増え、日本社会全体としては満足感（総余剰）が高まるという結果になります。

　輸入関税が下がると国内で保護されていた産業が打撃を受けるので国益が損なわれる、といった意見を新聞などで頻繁に見かけます。その背景には、各国政府間の貿易交渉では、自国の輸出＝自国の利益という枠組みで主張し合うので、ついつい「関税引き下げによる自国の輸入増は国益を損なう」という発想が議論の主流になっている実態があります。「ミクロ経済学のレンズ」から見れば、輸入関税引き下げにより消費者にもたらされる大きな利益を過小評価していることが多いようです。保

価格の自動調整機能とその意味　第1章

護が一定の時間をかけて縮小され、国内で保護されていた産業で働く人々が徐々に他の産業に移っていけば、さらに経済は成長します[4]。

　政府の成長戦略が今後の日本経済のカギを握っている、といった論調もよく見られます。成長戦略の主要な柱とされる規制改革や投資の促進には、多様な政策が含まれます。それぞれの政策の客観的な成果の見通し、実績の評価は、有権者としての判断を下すうえで役立ちます。

　これまで見てきたように、経済学はこうした評価を定量的に行うことを可能としています。最後に、仮想的な事例で規制の経済的な影響はどう計測できるか、見てみましょう（BOX 2）。

BOX 2 ▶ 生産量や価格の規制は社会の満足感を引き下げる

　タクシーや農業などの産業では、企業が新しくビジネスを始めようとしても自由にはできません。政府の許可などを受けなければならず、その許可がなかなか得られないことが多いのです。産業全体の生産量が一定以下に制限されますから、自由な市場での価格よりも実際の価格は上昇します。こうした規制が社会の満足感にどのような影響を与えるか、事例を使って計算してみましょう。

　たとえば、イチゴ産業では、自由に市場が成立していたときには、次ページの図1-10のように価格1パック100円、30万トンで生産と消費が行われていました（図1-10中の点G。単純化してイチゴ生産企業はどの企業も生産コストは全く同じで1パックあたり100円とします）。

　ところが、「競争が激しすぎる」とイチゴ産業連盟が政府に働きかけ、「イチゴ産業生産調整法」が制定された結果、新たな企業の参入が禁じられたり、各企業の生産量に上限が課されたりして、生産量が20万トンになったとしましょう。この結果、図1-11で見るように価格は200円に跳ね上がります（図1-11の点H）。

49

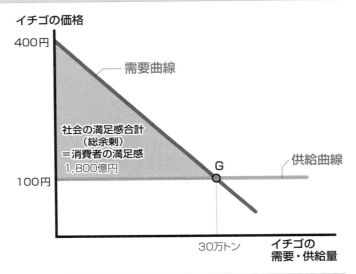

図1-10 ●イチゴ市場の総余剰〈規制前〉

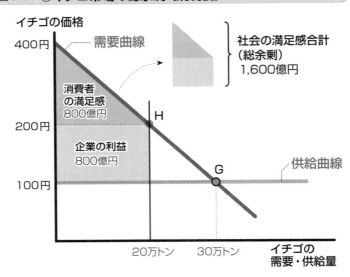

図1-11 ●イチゴ市場の総余剰〈規制後〉

価格の自動調整機能とその意味　第1章

　また、こうした生産量の規制ではなく、イチゴを200円以下の価格で売ることを禁止する価格の規制を行った場合にも、需要量は落ち込み、イチゴの生産量は20万トンになると考えることができます。このように、生産量や価格の規制を行った場合に社会の満足感はどのように変化しているでしょうか。

　規制前の社会の満足感は（400円－100円）×4,000パック（1トンあたりパック数）×30万トン×1／2で1,800億円（図1-10の色のついた三角形の面積）でした。しかし、規制の導入により、消費者の満足感は減り（図1-11の濃く色のついた三角形の面積）、新たに生産者の過剰利益（図1-11の薄く色のついた長方形の面積）が生まれ、両者の合計で社会の満足感全体は1,600億円になります。社会の満足感は全体で200億円分、規制によって減少してしまいました。

　もうひとつ重要な点は、生産者の過剰利益は受益者の数が少ないということです。消費者の満足感は何千億円の単位ですが、それを何千万人という消費者で分けるわけですから1人あたりは大きくありません。一方、生産者の過剰利益は限られた数の企業に属するので、1企業あたりが大きな額となります。したがって、この利益を守るため、企業は必死になって政治や行政、メディアなどに規制の維持を働きかけることが予想されます。

　こうした分析から、社会の満足感を最大にするためには価格や生産量の制限を撤廃する規制改革が必要なこと、しかしそうした改革は、特定の企業など既得権益からの抵抗を受けやすいということがわかります。よく「規制改革には政治的なリーダーシップが必要だ」と言われることが多いのには、こうした背景があるのです。

3.6　「幸せの数量化」に関する議論

ここまで、社会的な満足感を定量的に評価する方法を見てきました

が、もちろん、お金の単位では測れない「幸せ」も存在します。また、ある政策に関して評価を行っても、使用したデータや計測の手法によって、必ずしも同一の結論が出るものでもありません。

しかし、データや手法が明確に示されていれば、評価結果の違いは比較検討できますし、不足している点がわかれば改善もしていけます。我々は世論調査や選挙で有権者としての意思表示をします。その際に、**政策や制度に関して「社会としていくら得する、いくら損する」という定量的な評価が提供されていれば、貴重な判断材料になります。**経済学の専門家にはそれだけ期待されるところが大きいと言えます。

あくまで物質面の幸せが数量化できるのであって、数量化できない精神面の幸せがあるという主張にも一理あります。他方で「衣食足りて礼節を知る」という言葉もあります。物質面の充足があってこそ、精神面の幸せを論じることができるのではないでしょうか。

また、人間は一旦幸せを手に入れてしまうと徐々にそれを当然視し、さらなる欲求の充足に向かう存在ですので、多くの人は市場がもたらすメリットに普段は気づきにくいかもしれません。他方で、一旦「豊かな社会」を離れる経験をして、いかに我々の生活が恵まれているかを実感する人もいます。

我々の生活に直結する経済問題に関し、いろいろな観点から政策の評価が自由に議論されることは重要です。その際に、経済学は貴重な材料を提供すると言えるでしょう。

［注］
1　図ではわかりやすいように、直線であらわしています（2.4以降に登場する「供給曲線」も同様）。

2　ここでは、価格をP円、生産や需要の数量をQ万トンとして、P＝400

価格の自動調整機能とその意味　第1章

－10Qという関数とし、Pを縦軸、Qを横軸として右肩下がりの直線として表現します。もっと複雑な形をしたグラフや関数を使ってより正確に推測することは可能ですし、実際に行われています。

3　厳密には、このときの企業利益（生産者余剰）は、企業の固定費用（土地代、設備投資や長期雇用の費用）も含まれています。ここで言う「企業利益」から固定費分を差し引いた分が本当に企業の手元に残る利益となります。これが企業の生み出す最終的な価値だと言ってよいでしょう。

4　TPP協定などの自由貿易協定については、ここで述べたように、経済的にバランスのとれた正確な評価が必要とされますが、そういった協定に参加するかどうか、国家としての意思決定は、もちろん外交的、国家戦略的な考慮も加えたうえで行われるべきでしょう。

53

第2章

市場の機能不全と
それを補う方策

要 旨

☞市場が機能する条件のひとつは、「価格支配力を持つ独占やカルテルをなくすこと」である。

☞もうひとつの条件は、「収益を上げられない企業は市場から撤退すること」である。この規律が働かない国営企業は、民営化するのが経営的に望ましい。

☞もともと、市場が機能しない例が「市場の失敗」。たとえば「外部性」は、環境問題のように市場取引が当事者以外の第三者（社会）に大きく影響してしまう事例である。解決には、税などによる問題の「内部化」が有効となる。

☞全国民に分け隔てなく提供される警察や消防などの
「公共財」は市場では供給されない。この供給には
政府の存在が不可欠だが、政府も失敗し得る。

☞売手・買手の間で「情報が非対称」の場合には、市
場が縮小してしまう問題もある。とはいえ多くの場
合、政府の関与は不要である。ただし、医療などの
社会保障分野では政府が保険事業を運営している。

☞経済自体の「パイを大きくすること」に対しては、
社会の合意は成立しやすい。しかし、「パイをどう
分けるか」は一刀両断に判断することが難しい。長
期的に格差を固定させないことが一番大事である。

市場の働きを妨げないために

　第1章ではミクロ経済学という「虫の目」で経済を見ましたが、いかがだったでしょうか。膨大な数の市場があり、それぞれの市場で価格が自由に動くことによって、経済がうまく働いていることが見えてきました。こうした市場の働きがないと、資源の無駄遣いがあちこちに生じる一方で、本当に欲しいものは行列に並んでも手に入らない、ということになるかもしれません。普段は当たり前すぎて気づきませんが、それだけ市場の働きが果たしている役割は大きいということです。

　ただ、市場の働きに任せておけば大丈夫、と100％安心していいかと言うと、必ずしもそうとは限りません。現実には、なんらかの理由で市場の優れた働きが妨げられる場合もあります。その場合にはどうしたらいいでしょう？　そこで第2章では、第1章で得た「虫の目」をさらに使って、もう少し現実のさまざまな現象を詳しく見ていきたいと思います。

　市場の働きが妨げられる、と言いましたが、そのパターンは大きく分けて2つあります。

　第1のパターンは、市場が働く前提条件が成り立たず、市場本来の機能が妨げられる場合です。売手が1人しか存在せず、買手が高値を押しつけられてしまうといった独占のケース、収益が上げられない企業でも市場に残ってしまうケースなどがこれにあたります。こうした場合には、競争や収益原則といった市場の規律が回復すれば、市場がまた働き始めます。

　第2のパターンは、市場がそもそも働かないケースです。後ほど詳しく説明しますが、「**外部性**」「**公共財**」「**情報の非対称性**」など、経済学で「**市場の失敗**」という例外的な現象として厳密に分析されてきたものです。こうしたケースでは政府による課税、公的な供給、規制などの対

市場の機能不全とそれを補う方策　第2章

策が必要になってきますが、これらの対策が実際にはうまくいかず、
「政府の失敗」になってしまう可能性もあり、その点にも注意が必要です。

　この2つのパターンを理解できれば、まさに「鬼に金棒」、現実の経済を見る目がさらに深まります。そこで本章では、それぞれのパターンについて、どのように市場の働きが妨げられているのか、その対策はなにか、を明らかにしていきたいと思います。「虫の目」の旅は続きます。

▎1.1　市場がもたらす「効率性の実現」

　まず、第1章で解説した市場の機能をもう一度おさらいしておきましょう。市場では自由に価格が動くことで需給が調整され、消費者にとっても企業にとっても満足度や利益が最大になります。これを経済学では**「資源配分の効率性」**と言います。

　また市場は、企業の創意工夫を引き出す機能（企業を創意工夫へと駆り立てる強い圧力）も持っています。利益が出ない、調子の悪い企業を見ると、仕事のやり方が古かったり、無駄な設備や人員がけっこうあったりします。こうした企業は仕事のやり方を変え、無駄を省いていかないと、最終的には市場で生き残っていけません。そこで大半の企業は、市場からの撤退を避けるため、絶え間なく、消費者のニーズをつかむ商品・サービスを考え、コスト削減に努めます。また、技術や全く新しいアイディアが世の中を大きく変えることを「イノベーション」と言いますが、これも市場からの圧力を企業が受けるからこそ、大きく進んでいくのです。

　資源配分の効率性も、企業の創意工夫への強い圧力も、一言で言えば、「効率性の実現」であり、利用可能な人間の能力や資源、設備などを無駄なく使い、最大の価値を生み出すことです。そして、理論的にも経験的にも、最大限の効率性を実現するのは市場であり、それ以外の経済メカニズムでは難があります。

市場が働く前提条件

 ここからは、いよいよ本章の本題である「市場の働きが妨げられている場合」について詳しく見ていきましょう。最初は、さきほどのひとつ目のパターン、すなわち**「市場が働く前提条件が成り立たないために、効率性が妨げられているケース」**について解説します。

2.1　競争の維持(前提条件①)──独占は社会の満足感を奪う

 そもそも、市場が働くときというのは売手と買手が多数いて、相手が出す条件に満足できなければ、いつでも別の相手と取引ができるときです。つまり、**競争があるとき**と言ってもいいでしょう。

 競争の反対は、1人の売手あるいは買手しかいない場合で、**「独占状態」**と言います。

 ここでは、売手が1人だけしかいない場合を考えてみます。当然ですが、こうした独占状態のとき、売手は価格を高く設定することができます。こうした価格を高くする力のことを**「価格支配力」**と言います。

 このとき、買手は、他に売手を見つけられないので、本来、競争市場で成立するはずの市場価格よりも高い価格で売りつけられてしまいます。この場合、生産も消費も競争市場で実現される水準よりも少なくなり、社会全体の満足感も抑えられてしまいます。

 一方、独占状態の売手は商品の価格を自由につけられます。では、価格をどの水準に設定するのでしょうか。企業にとっては大事なのはもちろんもうけですが、ここで注意しなければならないのは、価格が高ければ高いほどもうかるわけではないことです。独占企業は注意深く、一番もうけが多い価格を選んで出してきます。

市場の機能不全とそれを補う方策　第2章

第1章でも説明したイチゴの生産を例に出して考えてみましょう。イチゴ1パックの生産コストは、生産量に関わらず100円で一定です（図2-1）。競争がある場合には、供給曲線と需要曲線が交わる点、価格100円、30万トンで生産と消費が行われます。第1章で見たように、市場が働いた結果、社会の満足感が最大化されています。

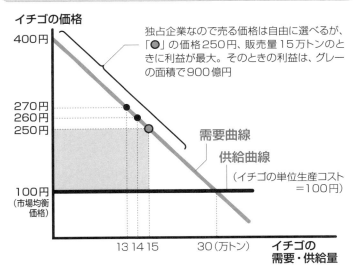

図2-1 ●独占企業の利益が最大になる価格

今、ここですべてのイチゴ企業を傘下に収めた独占企業が現れたとします。イチゴの売手間の競争はなくなり、消費者は他のどの企業からもイチゴを買えませんので、独占イチゴ企業が自分の好きな価格で売ることができます。ただ、「好きな価格」と言っても、1パック10万円にしたら誰も買ってくれません。この企業にとって自分たちが一番もうかる価格はどれでしょう。

59

たとえば今、１パック260円の価格にすると14万トン売れます。これを10円引き上げて270円にすると、それだけイチゴを買いたいと思う人は減り、販売量は13万トンに減少してしまいます。利益はどうなるでしょうか。

　１パックの価格260円のときの収入は、260円×4,000パック（1トンあたりパック数）×14万トン＝1,456億円、費用は560億円（100円×4,000×14万）で、差し引きもうけは896億円。一方、価格が270円のときは、270円×4,000パック×13万トン＝1,404億円で費用は520億円（100円×4,000×13万）ですので、もうけは884億円。この独占企業は260円から10円価格を上げることで、896億円−884億円＝12億円分もうけを減らしてしまいます。独占企業でも値上げして損する場合もあるわけです（図2-1）。

「社会のイチゴの需要曲線」上にある、独占企業がつけ得るさまざまな価格と、その価格での販売量を計算すれば、１個250円のときの利益が900億円で最大となることがわかります。

　このように、**独占企業だからといって価格をむやみに高くするわけではありませんが、それでも競争市場で成立する価格よりも高い価格になるのは確実です**。独占により、社会全体の満足感は抑えられてしまうのです。

　また、ここまでは、売手が独占になる場合を考えてきましたが、逆に買手が１人しかいない独占もあります。その場合には、売手は競争市場で成立する価格よりも低い価格でより少ない量を売らざるを得ず、やはり社会全体の満足感は抑えられるという結果になります。

2.2　カルテルによる価格の支配は違法

　複数の企業が協定を結び、たとえばイチゴ１パックを250円で売る（250円より値下げしない）と、決めることもあります。こうした協定の

ことを**「カルテル」**と言います。もちろん、カルテルに参加している企業があまり多くなければ、消費者は恐れることはありません。カルテルに参加していない企業のところに行けば、250円よりも安い値段でイチゴを売ってくれるからです。

しかし、もしイチゴを生産している企業のほとんどがこうした協定に参加してしまうと、1社による独占と同じことになります。やはり生産と消費は絞られ、価格は高止まりしてしまいます。

こうしたカルテルは、消費者の利益を損ない、社会的にもマイナスが大きいため、現在、ほとんどの国で犯罪行為とされています。カルテルの禁止は、市場が機能を果たすために必要な世界共通のルールだと言えるでしょう。

日本でも、独占禁止法という法律によって最大5年間の懲役など、厳しい処罰を受けることになります。また法律があるだけでなく、公正取引委員会という専門の監視機関があり、常に企業の行動をチェックして取り締まっています。

「カルテルが禁止されているのはわかったけれど、1社の独占の場合はどうなの？」と思った方もいらっしゃるかもしれません。もちろん独占企業による値上げも、公正取引委員会やその他の規制機関によって監視・規制を受けます。

2.3 企業が巨大化するのは社会にとってプラスかマイナスか

ここまで見てきたように、独占やカルテルは市場の働きを妨げるものであり、厳しく取り締まられています。

1社だけの独占とまではいかなくても、上位数社で市場を占めてしまう場合はどうでしょう。こうした状況のことを**「寡占」**と言います。英語で独占はモノポリー、寡占はオリゴポリーです。

この場合、消費者は示された価格が高いと思った場合、他に交渉でき

る売手が全くいないわけではありませんが、その数が限られてしまいます。他の売手の可能性があるだけ、価格支配力は独占よりは弱いのですが、それでも高い価格のまま消費者が「泣き寝入り」せざるを得ないという問題が生じる可能性があります。

　そうした可能性があるため、複数の企業が合併をして、価格支配力の強い「危険な」寡占企業になることも取り締まる必要があります。たとえば、日本では企業が合併する場合には、事前に公正取引委員会（以下、公取委）に届け出をする義務があります。公取委は価格支配力を持つ恐れがあると判断すればその合併をストップできます。日本だけでなく多くの国で同じような制度がとられています。

　一方、企業は合併をすることなく、自然に成長して寡占状態になる場合があります。この場合でも公取委はそうした寡占企業を監視する必要があります。

　しかし、企業合併の判断にせよ、寡占企業の監視にせよ、１社で市場シェアの何％を占めれば社会として取り締まるべきか、この基準を決めるのは難しい問題です。たとえば、国内市場の100％を占める企業でも海外に強力な競合メーカーがいる場合、価格を上げれば輸入品がどんどん入ってきます。その場合には価格支配力があるとは言えず、あまり問題はありません。

　また、100％と言っても市場の範囲のとり方によって話は大きく変わってきます。イチゴもいろいろな品種があり、味や大きさが違います。仮に大別して「紅イチゴ」「スイートイチゴ」「ベリーイチゴ」の３種があるとしましょう。たとえば、ある企業がイチゴの中で「紅イチゴ」の生産・出荷を100％独占することになったとしましょう。この企業が独占状態を利用して紅イチゴの価格を吊り上げたらどうなるでしょうか。

　おそらく、大多数の消費者はスイートイチゴやベリーイチゴなどの別の種類のイチゴを買うようになり、逆に紅イチゴの独占企業は収入を減らしかねません。この場合、価格支配力はなく、独占は問題にならない

市場の機能不全とそれを補う方策　第2章

と言えます。市場はイチゴ全体として捉えた方がいいわけです。

　また、企業は規模が大きくなれば、設備の稼働率を上げたり、労働者を雇って生産性を上げたりして、効率化できることが多いのも事実です。企業規模が大きくなることばかりをむやみに心配して規制すると、効率化の機会を潰して、社会として損をすることになります。

　最近はインターネットを活かした新しいサービスを社会に提供して、急速に規模を拡大するIT企業が増えています。こういった事例に対しても、寡占を恐れすぎると社会にとって損になる可能性があります。

　以上をまとめると、**企業が合併や自前の成長で巨大化する場合、価格支配力が強まることは社会にとってマイナスですが、スケールメリットによってコストが下がったり、新サービスが出現したりすることはプラスです。**常日頃、企業に関するニュースを読むときには、いつもこの2つの視点から考えてみるとよいでしょう。

BOX 3 ▶ 独占と競争の間の難問──自然独占

　企業が巨大化するとコストが下がり、効率化できる場合があるということを説明しましたが、産業によってはそれが極端な場合があります。ここでは電力について考えてみましょう。

　電気を各家庭で使うとき、遠くにある発電所から、送電線を使って電気を送ってもらいます。たとえば、関東地方の約2,000万世帯に電気を供給するためには、関東地方以外にもいくつもの巨大な発電所を作り、そこから電気を送る送電網を建設する必要があります。そして、1世帯あたりの供給コストは、世帯数が多ければ多いほど、低下していきます（次ページの図2-2）。

　このように、「供給規模が大きいほどコストが低い」という状況で仮に複数の電力会社が競争したとすると、最後はとにかく大きい方がコスト優位に立って勝つ結果となります。つまり、独占が最も

63

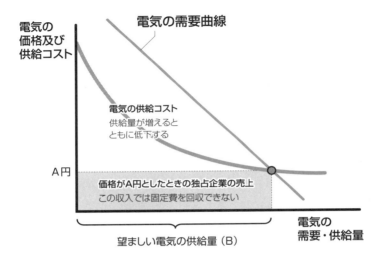

図2-2 ●電気の需要量・供給量の決まり方

コストの低い、効率的な供給になります。このような事例は、自然に独占になってしまうので、「自然独占」と言われています。他にも、通信や水道など巨額なネットワークへの初期投資が必要な産業に自然独占の例が見られます。

しかし、コストは独占形態が一番安くなると言っても、独占企業は価格を吊り上げる力を持つ、という点は変わりません。消費者の側には、常に不当に高い価格を押しつけられる不安があります。したがって、自然独占では、本来「禁じ手」である、政府による価格の規制が認められてきました。

また、電力供給においては最初に必要な固定費用は巨額な一方で、一旦投資した後に追加で電気を供給するコストは非常に低くなります。そう考えると、一旦完成された電力ネットワークについて、なにが一番社会にとって得になるかと言えば、できるだけたく

さんネットワークを使うことです。図2-2においては、Ａ円でＢの電気供給量（非常に安い価格で大きな供給量）のとき、社会の満足感は最大になります。すでにある巨大な社会資産は、可能な限り利用する方が理にかなっているのです。

　他方、第１章の供給曲線のところで見たように、固定費用の回収は言わばグラフの外で解決する問題でした。巨額の固定費用は、Ａ円×Ｂの収入ではまかないきれません。そこで出てくるのが固定料金です。私たちの電気料金の請求書を見ると、その月の使用量が仮にゼロでも払わなければいけない固定料金が記されています。料金が固定料金と従量料金（使った分だけ払う料金）の２つの部分に分かれるので、二部料金と言ったりもします。

　二部料金によって固定費用の回収が可能になったとしても、固定料金は、消費者にとって問題があるときもあります。定額がハードルとなってサービス利用ができなくなる場合もあるからです。

　最近、携帯電話の料金が高すぎるのではないかという議論があります。今の携帯電話会社の料金体系では、携帯電話の利用量が多くない人も、事実上、必ず一定額を払うほかないという点が問題とされています。固定的な料金が一部の消費者には利用の妨げになっている可能性があります。携帯電話市場の上位３社の規模が大きく、価格支配力が強いとすれば、政府の規制強化が正当化されるかもしれません。

　また別の問題として、自然独占と言っても、産業全体にはあてはまらない可能性があります。たとえば、電力産業は長らく自然独占と考えられてきました。しかし、実は自然独占の範囲は送配電のネットワークの部分だけで、電気の「サプライチェーン」の中の他の部分、すなわち、発電や小売は、普通の産業と同じように競争が可能だということが経済学の分析からわかってきました。

　こうした分析を基にして、多くの国で、発電や小売は自由に企業

の参入を認める体制に移ってきています。いわゆる「電力の自由化」です。日本も例外ではありません。2016年4月から家庭においても電力会社を選べるようになります。

2.4 「収益が上がらなければ撤退」という規律（前提条件②）

　ここまで、競争の維持について見てきましたが、もうひとつ、市場が機能するための前提条件として、**「収益原則」**とでも言うべきルールがあります。これは、企業が財やサービスを販売して事業を営んだ結果、収益を上げられなければ撤退を強いられるというルールです。

　収益が上がらず、赤字が出ると、企業はその分を今持っている資産を取り崩して埋めなければなりません。赤字が続けば、いつかは資産がなくなってしまうので破綻、倒産してしまいます。銀行などからお金を借りている場合には、その借金の利子や元本を約束通り返せなくなってしまいます。株式を発行してお金を調達した場合も、株主に収益を還元できなくなり、株式は無価値になってしまいます。いずれにしても、その企業は市場から退場しなくてはなりません。

　イチゴを生産する企業の例で言えば、最新のIT技術を使って収穫量を予測・管理し、収穫作業の効率を上げる手法が開発され、結果としてイチゴの生産コストが以前より10％下がったとします。今の市場価格を前提とすれば、こうした新しい手法を採用してコストを下げれば、企業のもうけは増えます。そこで、利益拡大を狙って新手法を採用するイチゴ生産企業は増えていくと考えられます。そうなると、今度はもうけを少し減らしてでも価格を引き下げ、売上を増やそうとする企業も出てきます。最終的には市場価格は10％下がった水準になるでしょう（需要側の事情は不変とします）。

　一方、新技術の理解がなかったり、経営者が変化を好まなかったりする企業は、こういった新手法を取り入れません。その結果、新たな条件

下の競争の中では収益を上げられなくなるでしょう。こうした事態を避けるため、企業の多くは情報収集を怠らず、生産手法の改善に取り組むことになります。**収益原則は企業に効率化の努力を怠らないように強い規律を与える**、と言ってもいいでしょう。

収益原則が厳格に適用されず、赤字を自動的に誰かが埋めてくれるルールがあれば、こうした規律は弱くなります。たとえば、イチゴ企業が赤字になれば政府が必ず補塡すると約束しているような場合です。この場合、企業は赤字になっても市場から撤退を迫られません。ですので、IT技術など新しい手法を採用して効率化を図ろうとする圧力は弱く、社会にとってよりよいサービスが提供される機会が失われてしまうでしょう。

2.5　国有企業の規律は弱い、だから民営化が有効

これと同様に、イチゴ企業が政府により保有されている場合もやはり規律は弱くなります。国有企業が事業を行う場合、そのためにお金が必要なのは民間企業と同じですが、その出所が違います。民間企業の場合は、株式を買ってお金（資本金という元手）を出す株主、お金を貸し付ける銀行、会社を興した経営者の自前のお金などで事業を行いますが、国有企業は政府がお金を出します。

民間企業の場合、株主も銀行も、自分が出資・融資した事業が予定通りの収益を上げ、そこから生まれる配当や利子を払ってくれることを強く望みますし、ましてやその企業が市場から撤退し、自分の出したお金が返ってこなくなると大変です。そのため、株主や銀行は、企業に売上や利益についての正確な数字をきちんと提示させて、その情報に基づいて絶え間なく企業を監視し、ときに指図したりもします。

一方、政府がお金を出す国有企業の場合、そのお金は国民の税金から支出されることになりますが、そのお金を預かり、使い方を決定するの

は政治家と役人です。政治家は選挙によって選ばれ、役人は定期的にポストを異動します。**政府がお金を出して保有する企業が収益を上げられなくても、政治家も役人も責任を問われることはまずありません。**

　民間企業が借金の利子を払えず、期待した配当も出せない場合には経営者は激しく糾弾され、交代の声にさらされますが、国有企業の場合、それも稀です。つまり、**政治家も役人も自らの金銭的な損得に関わらないので、民間企業のお金の出し手と違って収益への必死さに欠けます。**個人として政治家や役人が悪いのではなく、立場として企業の経営には向いていないのです。

　こうした事情から、国有企業は可能な限り徐々に民間会社に移行し、普通の企業と同じように規律を働かせることが世界的にも大きな流れになっています。特に、国有企業が多かった英国では、1980年代のサッチャー政権以来、こうした民間会社への移行を推し進めてきました。

　民間からお金を出す会社にするためには、国が持つ国有企業の株式を、国民や企業に売却する形をとります。これを**「民営化」**と言います。「原則あらゆる企業が国有」だった社会主義の経済体制は、ソ連崩壊とともにほぼ消滅しました。日本でも国鉄、電電公社などが次々に民営化されてJRやNTTになり、つい最近（2015年11月）も郵政事業を担う日本郵政の株式がその子会社であるゆうちょ銀行、かんぽ生命の株式とともに民間に売り出されました（図2-3）。

市場の機能不全とそれを補う方策　第2章

図2-3 ●日英の主要民営化事例

	日本	英国
1980 年代	電電公社（1985）→NTT たばこ専売（1985）→JT 日本航空（1987）→JAL 国鉄（1987）→JR	ブリティッシュ・テレコム（1984）【通信】 ブリティッシュ・ガス（1986）【ガス】 ブリティッシュ・エアウェイズ（1987）【航空】 ブリティッシュ・エアポート・オーソリティ （1987）【空港管理】 水道（1989）
1990 年代		電力（1990） ブリティッシュ・レール（1994）【鉄道】
2000 年代	日本郵政（2007）→JP、 ゆうちょ銀行、かんぽ生命 （2015株式上場）	
2010 年代	新関西国際空港（運営権） （2016）	ロイヤル・メール（2013）【郵便】

69

3 市場の失敗

　これまで市場の効率性が妨げられるさまざまな例を見てきました。市場が効率性を実現するためには、独占やカルテルが防止され、収益が上がらなければ企業が市場から撤退する規律が必要です。こうした条件が満たされれば、第1章で説明した市場による効率性が実現されます。

　しかし、こうした前提条件を整えれば市場が働くという場合と異なり、**もともとうまく市場が働かないケースもあります**。消費者や企業が自由に生産や消費を決め、価格が需給を調整することによって社会的な満足が最大になる——こうした市場の機能がなんらかの理由でそもそも働かないのです。これを経済学では**「市場の失敗」**と言います。

　実はミクロ経済学の重要な柱は、この「市場の失敗」の原因分析とその対策を解明することにあると言っても過言ではありません。そして幸いなことに、市場の失敗のパターンは無限にあるわけではありません。我々はここまでで市場の働きについて基本的なところは押さえることができたので、市場の失敗とその対策を一つひとつ見ていくことで経済の仕組みの理解を一層深めることができます。

3.1　市場取引から生じる「漏れ」—外部性—（市場の失敗①）—

　なぜ市場が働かないのかという原因がわかれば、正しく対策を練ることができます。細胞の通常の働きを解明した医学・生物学が、病気や不調の原因を発見して治療法を編み出すのと同じです。私たちは、いくつかの重要な市場の失敗のパターンを知っています。

　たとえば、市場で企業や消費者が財やサービスを生産・消費するとき、通常は自分が利益を上げたり、消費を楽しむためにするわけです

市場の機能不全とそれを補う方策　第2章

が、生産や消費がその企業・消費者以外の第三者に影響を与えてしまう場合があります。

　たとえば、イチゴパイを作る工場で悪臭が発生し、周辺住民が迷惑を被っているとします。第1章で見たように、消費者は好きなだけイチゴパイを食べ、企業は最も利益が上がるようにイチゴパイを生産して双方満足を得ますが、周辺住民にとっては悪臭により生活の満足度は低下してしまいます。イチゴパイの市場は社会全体の満足を最大にできない結果になります。タバコの煙に弱いあなたが、混み合うレストランで食事中に喫煙者の隣になった場合も同様です。

　経済学では、こうした現象を**「外部性」**と言います。ちょっと聞き慣れない用語ですが、市場活動の当事者以外である工場の周辺住民や、喫煙者の隣にたまたま座ってしまったあなたが影響を受ける、つまり、取引当事者「内部」ではなくて「外部」への影響だ、という意味で使われている用語です。

▌ 3.2　よい外部性と悪い外部性がある

　悪臭やタバコの煙は「悪い」外部性ですが、「よい」外部性がある場合もあります。たとえば、企業が自分の商売で新商品を出すために研究開発をする場合、そこからさまざまな新知識が得られ、社外の別の研究にも役立つことは往々にしてあります。そうした企業の研究開発には、「よい」外部性があると言えます。研究開発のスピルオーバー効果、ということもあります。「スピル」は英語で「あふれる」「こぼれる」ことです。外部性とは、市場取引から「漏れ」が発生する場合であり、それが当事者以外にとってプラスのこともあれば、マイナスのこともあると考えるとわかりやすいと思います。

「マイナスの漏れ」がある場合、市場での生産消費の当事者だけに任せていては、社会にとって「最適」、すなわち、資源の無駄遣いがなく、

71

みんなの満足度が最大の状態にはなりません。工場から悪臭が出ると、イチゴパイを生産する企業やイチゴパイの消費者は自分たちの利益や満足を最大にできたとしても、第三者である周辺住民の満足度は低下し、市場取引から社会への漏れが生じてしまっています。

一方、企業の研究開発のように、社会全体の知識を増やす「プラスの漏れ」の場合には、放っておいても問題ないようにも見えますが、これも漏れは漏れです。企業がコストをかけて研究開発を行うのは、将来利益を上げるためです。もし企業の研究開発に「プラスの漏れ」があり、科学の発展につながる可能性が生まれたとしても、企業にとっては利益を生む製品が開発できればよいわけで、それ以上は費用を負担しようとは考えません。

つまり、研究開発を企業が満足するだけの範囲にとどめれば、社会にとっては新知識がもっと増やせるせっかくの機会を逃すことになります。このように**プラスの外部性の場合は、市場に任せると研究開発などの活動量が社会にとって少なすぎる結果になります。**やはり当事者だけでは社会としては「最適」にはなりません。

▍ 3.3　外部性の具体的事例──地球温暖化の問題

では、なにか対策があるでしょうか。具体的な例について考えてみましょう。

今、世界最大の（マイナスの）外部性の問題はなにかと言えば、地球温暖化問題です。石油や石炭などの化石燃料を燃焼させると、二酸化炭素が大気中に放出されますが、これは地球から宇宙に熱が逃げていくのを妨げる効果を持っています。人類の化石燃料の使用は産業革命以来年々増加の一途をたどっていますので、大気中の二酸化炭素も増加しています。大気中にどんどん熱がこもるようになり、それによって地球上の気温が上昇し、それがさまざまな環境変化を引き起こしています。

市場の機能不全とそれを補う方策　第2章

図2-4 ●地球温暖化によるマイナスの外部性と対策

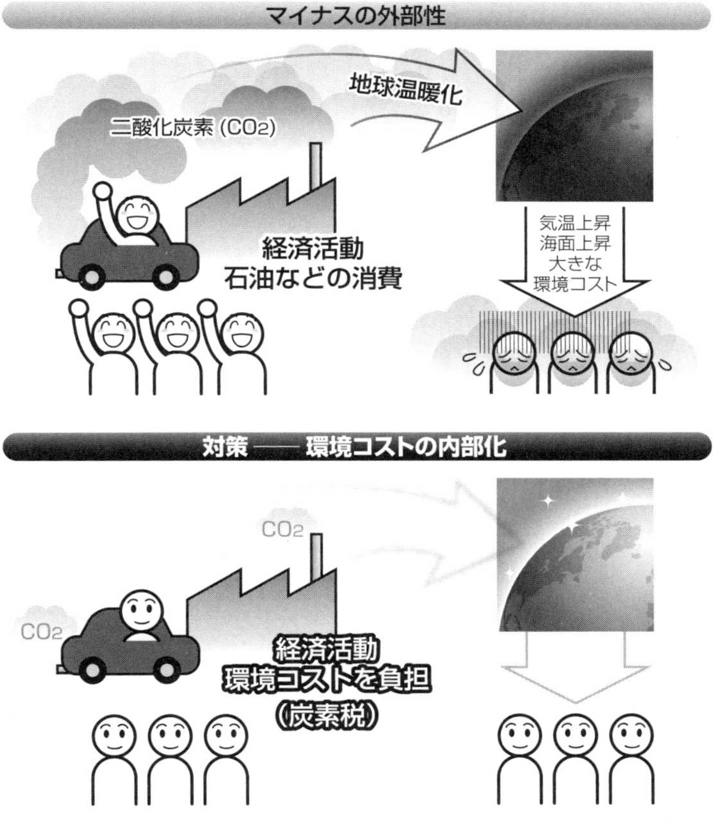

マイナスの外部性

地球温暖化

二酸化炭素 (CO_2)

経済活動
石油などの消費

気温上昇
海面上昇
大きな
環境コスト

対策 ── 環境コストの内部化

CO_2

CO_2

経済活動
環境コストを負担
（炭素税）

　化石燃料を使うのは経済活動の結果です。消費者がガソリンを買って
自動車を運転し、電力会社が化石燃料を燃やして発電した電気を工場や
家庭に販売するのは、普通の市場での取引です。しかし、その結果排出
される二酸化炭素が最終的には地球の気温上昇をもたらし、人類にとっ

ての大きな環境問題になっているのです（図2-4）。

　つまり、化石燃料の消費は、地球温暖化という「マイナスの外部性」をもたらすため、社会全体の満足感の最大化という観点からは、その使用を減らす必要があります。ただし、電気にしても車にしても、化石燃料は我々の生活の利便を支えています。その使用を急激に減らそうとすると、経済的には大きな負担になってしまいます。

　このように**市場での取引に任せるとマイナスの外部性が発生する場合、政府が企業や消費者を規制するのが通常の対策です。**たとえば、政府が企業の化石燃料の使用量を制限したり、ガソリンの消費効率が高い自動車の利用を義務づけたりする「規制」を行います。

　しかし、規制は、一旦ある基準で行われると、経済条件の変化に応じた変更が遅れるという欠点があります。たとえば、自動車に関する上記の燃費基準（ガソリンの消費効率が低い車を禁止）は、技術の進歩に伴い徐々に引き上げていく必要がありますが、メーカー間の技術力格差があるなど、現実にはなかなか簡単ではありません。

　また、企業の化石燃料の使用量を制限する場合、「今年の使用量は昨年に比べて何割カット」というような一律の規制になりがちです。しかしそれでは、化石燃料の使い方が非効率な企業にも既得権を認めることになり、多くの燃料が非効率に使い続けられるという不合理な結果にもなりかねません。

3.4　外部性の対策は「内部化」

　今まで見てきたように、企業に外から加えられる「規制」はどうしても硬直的になりがちです。そこで、経済学から出てくる理想的な対策は、マイナスの外部性を「内部化」することです。

　外部性は、当事者が経済活動の結果生じる外部への影響を知らずに、自分の利益や満足だけを基準に生産・消費をするから起こる問題でし

市場の機能不全とそれを補う方策　第2章

た。**であれば、当事者の生産・消費が生じさせている負の社会的影響をその本人に「戻して」やれば、戻された企業や個人はそれを基に必死で経済活動の計算をやり直します。そうすれば、改めて最適な水準に生産・消費が収束していくでしょう。**

　具体例で考えてみましょう。地球温暖化における「内部化」の政策とは、炭素税という税金を課すことです。化石燃料の中でも石油、石炭、天然ガス、それぞれ二酸化炭素の発生量は異なります。二酸化炭素のもたらす社会的なコストを算出し、二酸化炭素排出量の違いも反映させて燃料ごとに税率を設定します。

　こうした炭素税によって、化石燃料の価格は地球温暖化への影響を反映して高くなります。一方、太陽光、風力などの再生可能エネルギーには税が課されず、相対的に有利になります。炭素税で化石燃料の価格が高まると、その使用を節約できる技術＝省エネルギー技術の価値も高まり、研究にもっと資金をかけることが割に合うようになります。技術の開発が進みます。

　もちろん、炭素税にも課題はあります。一般に増税は歓迎されるものではありません。しかも、通常の政府の支出をまかなうための税金とは異なり、地球環境への影響を反映させるための課税という考え方は、国民になじみが薄いかもしれません。実際の問題として、将来の環境への影響、社会にもたらすコストをどのように計算して税率を出すのか、社会的な合意を得るにはまだまだ時間がかかると思います（何人かの経済学者はすでに計算をしています）。

　さらに、国際的に炭素税を実施する国とそうでない国があると、実施しない国に産業が移動するだけで地球全体の二酸化炭素排出にはブレーキをかけられない可能性もあります。

　しかし、地球温暖化対策を考えるうえで、外部性の概念と理想的な対策（＝内部化）を理解しておくことは重要な第一歩となります。

75

3.5 市場が提供できない財やサービス─公共財─（市場の失敗②）─

　ここまで、市場の失敗のパターンのひとつとして、外部性の問題について見てきました。ここからは、もうひとつの市場の失敗のパターンである「公共財」についても見ていきましょう。

　「公共財」とは、市場では供給されない（できない）、国民生活には不可欠な財・サービスのことです。最も典型的なのは治安を守る警察や火災を防ぐ消防などです。これらを「サービス」と言うのは違和感があるかもしれませんが、国民の税金によって警察官や消防士は雇用されて、国民の安全を守る任務についていますので、公共的なサービスと言っても間違いないでしょう。

　では、なぜこうした公共サービスは市場によって提供されないのでしょうか。それは、全国民に無差別にサービスを提供することは市場では不可能だからです。

　民間企業の場合、料金を支払う契約者に限りサービスを提供することになります。しかし、警察や消防も治安を守り、火災の拡大を防ぐためには全国民にサービスを提供することでしか任務を果たせません。仮に一部の国民にはこうしたサービスを提供しないとしたなら、治安や火災への不安が広範に広がり、むしろ逆効果です（警備サービス会社は民間に存在しますが、あくまで警察・消防を補完する「特別サービス」という位置づけです）。こうしたサービスは、政府が税金を集めて提供する他ありません。

　実際に政府が提供しているサービスは他にもあります（図2-5）。どの国の政府も、道路や橋など、経済活動には欠かせない国民共用の施設を建設しています。道路も橋も、全国民の移動や運搬の必要に応えなければならず、個々の利用に応じて利用料を取ることは困難です（有料の道路や橋もありますが、一般的な道路や橋が誰でも使えるということを大前提としたうえで、早く目的地に着くなど、もっと便利さを得たいという人を対

象として料金を取って提供する「特別サービス」という位置づけです。さきほどの警察の上乗せサービスである民間の警備会社に似ています）。

図2-5 ●公共財

	供給者	事例
普通の財・サービス	民間企業	自動車、食品、家電製品など 市場で取引される財・サービス
公共財	政府	警察、消防、司法、国防 道路、橋、公園
政府・民間ともに 供給する財・サービス	政府及び 民間企業	金融サービス 住宅サービス ※かつては政府が供給すべきとされていたが、民間でも供給可能と考えられるようになったもの（図2-3の民営化の事例参照）

3.6 「政府の失敗」の可能性もある

　一般的な橋や道路は誰でもオープンに使える施設なので、政府が国民から集めた税金を使って全国民のために建設します。しかし、橋や道路といった公共財の場合、通常の財・サービスと違って、どれだけの道路や橋を皆が欲しているかという需要を推測し、供給者としてそのコストを徴収する役割を政府が果たさなければなりません。つまり、**政府が市場に代わって公共財の需給のバランスをとる**わけです。

　道路もよく使われるものはしょっちゅう渋滞を起こします。そういった場合は、需要量が供給量を上回っているわけです。もし、渋滞する道路が増え続けたり、逆にあまり使われない道路の供給がさらに増えたりすれば、市場の失敗ではなく、「政府の失敗」ということになります。これは、たとえば地方出身の政治家が、道路の需要が少ない自分の選挙区の道路建設を推進して供給を増やしたときなどに起こります。

また、道路や橋は、多く使う人とそうでない人で使用頻度に差があります。そのため、公共財とはいえ、その費用負担については公平さが求められます。これは日常生活にたとえると、割り勘をうまくする、ということです。たとえば、自動車を運転するときに必ず使うガソリンにかかる税金の収入を道路建設に充てるという制度があります。これは公共財の費用負担をなるべく公平にする「割り勘」の工夫のひとつです。

　道路の建設コストを都市圏と地方でどう分けるかなどを含め、公平性・正当性を確保するのも政府の責任になります。もちろん、割り勘は、明朗会計が基本です。

3.7　公共財以外にも政府は財・サービスを供給すべきか

　ここまで「公共財」の基本的な性質について見てきましたが、注意すべきは、現実に政府が行っている事業、提供しているサービスは、「市場では供給できない」純粋の公共財ばかりではないということです。政府や政府が実質的に所有する事業体（株式会社の形態もありますが、独立行政法人と呼ばれているものもあります）は、実は住宅サービスから金融サービスに至る幅広いサービスを提供しています。ですが、そうしたサービスは、民間企業でも事業として提供しています。

　こうした、公共財ではない事業については、国有の理由、歴史的な経緯はいろいろあります。そのときの社会にとっては革新的な技術や巨大な資金が必要だったため、政府が最初事業を行わざるを得なかった場合もあるでしょう。しかし、経済の発展に伴って民営化が可能になるのが普通です。経済発展の後発国であれば、なおさらそのような例が多いのかもしれません。

　そうした事業では効率性の観点から、今後も見直しが進むと思います。本章の2.5で述べたように、効率性においては市場の規律の下にある民間企業の方が優れているからです。

見直しの中で、これまでは政府が事業を行うのが当然視されたものでも、民間でも運営が可能ではないかという事例も出てくるでしょう。最近、日本でも空港の管理運営事業が民間会社に開放されていますが、こうした事例のひとつです。

本書の他の章でも触れられているように、日本の国家財政の置かれている厳しい現状からも、国有企業が市場に残るための財政支出の負担や、政府が過剰な資産や人員を抱えることは困難になってきています。

もちろん、あらゆるケースで民営化が推奨されるわけではないでしょう。また、民営化した方がよいという結論になったとしても、政府の政策的な関与が一切不要になるとは限りません。たとえば、その企業の価格支配力が残れば政府は民営化後も規制を続ける必要があります。

ただし、企業を国有にしている目的を問い、他の政策でもそれが実現できないかを考えるのは重要です。たとえば、国有企業による住宅サービスが低所得層を支援するためのものだと説明されることがあります。しかし、住宅サービスを提供する事業体を政府が保有するよりも、政府が低所得者に住宅費の補助金を出した方が、支援として直接的で効果的かもしれません。

また同様に、郵便事業なども政府が保有している理由として、全国民に低廉な料金で生活に必須のサービスを提供する必要があるからと説明されることがあります。しかし、そのために政府が企業を保有する必要まであるのかを問うべきです。サービスを民間企業でもできるように開放したうえで、全国的なサービス提供を義務づける規制の方がより効率がいいという可能性はないのか、議論の余地は大いにありそうです。

3.8　売手と買手の情報量に差がある場合―情報の非対称性―（市場の失敗③）

外部性、公共財と「市場の失敗」のパターンを見てきました。最後に紹介する市場の失敗のパターンは**「情報の非対称性」**と呼ばれる問題で

す。これは、買手側が売られているものの品質を識別できず、商品の品質に見合った価格を払おうとしない場合です。その結果、良質な商品を提供する売手は望みの値段で売れなくなり、市場から出ていってしまいます。

　こうした状況が続くと、市場に出回る商品の品質は平均として悪化します。すると、今度は中くらいの品質の売手にも十分な値段がつかず、さらに撤退してしまいます。結果、市場の働きであるはずの「最大効率の最大満足」が達成されないのです。

　情報の非対称性は、例えば労働市場で問題を起こします。企業の目線で考えると、労働者に期待できる平均的な能力はある程度わかり、その平均的な能力に対していくら賃金を払えるかまで計算できます。しかし、採用にあたって、肝心の「個々の労働者がどのくらいの能力を発揮するのか」はなかなかわかりません。

　一方、労働者の目線で考えると、仮に平均よりも高い能力を持っている人であっても、企業には事前にそれがわからないので、労働者が自分の能力に見合っていると考える賃金はまず払われません。そうすると、本当に高い能力を持つ労働者は「高い評価が得られる外国にでも行くか」と、日本の労働市場から退出するかもしれません。

　そうした事態が重なると、市場における労働者の平均的な能力自体が下がっていき、さらに企業もそれを察知して、期待する能力のレベルを下げ、オファーする賃金も下げます。そうすると、さらに労働者が市場から去ってしまい……という悪循環に陥ります。**結局、これでは最終的に労働市場が縮小してしまいます。本当は能力の高い労働者がいるのにそれを活用できず、社会として損失を被る「市場の失敗」です。**

3.9　情報の非対称性を克服するさまざまな工夫がある

　こうした取引相手についての判断が難しいという問題は、程度の差は

あれ、現実には頻繁に起こります。そして、これに対して市場の失敗の悪循環が起こらないようにする工夫も、世の中には数々あります。さきほどの労働者のケースでは、高い能力を資格という形で企業に示すことができれば、企業もそれに見合った高い賃金を払うことができます。

お金を借りる人が自分の信用を高めるために担保を差し出したり、第三者に保証サービス（借金を万が一、返済できなかったときに代わりに返済してくれる約束）を保証料を払って依頼するのもその一例です。また、企業が製品に規格を守って作っている旨を表示するといったことも同様です。いずれも相手に「私と取引しても大丈夫です」と信用してもらうための仕組みです。長年の事業によって築き上げてきた信用をブランドとして示すことも、情報の非対称性への対策の一種と言えます。

▌ 3.10　人生の重大事への保険は市場では不十分──社会保障

このように、情報の非対称性への対策は、自然発生的にできている場合も多くあります。しかし、**医療についてはうまくいかない恐れがある**と言われてきました。

たとえば、医療保険は、多数の加入者全員が保険料を払って集めたお金で、医療ニーズが生じた一部の人の医療費を出してあげるというものです。病気になる確率が相対的に低い若年層にとっては、保険料は高すぎるように感じられることが多いでしょう。

ここでもし、保険を民間の運営に任せ、いろいろな会社が保険事業を営むとすると、若年層はより安い保険料の保険に移ってしまいます。そうすると、残された人々は、病気になる確率が比較的高い高年齢層になりますので、保険会社は保険料を上げざるを得ません。この繰り返しが、高い保険料を嫌ってその保険を脱退する人がさらに増えてしまう連鎖反応となり、結局、医療保険自体が成立しなくなるかもしれません。

こうした問題があるため、医療に関しては、政府の介入が求められ、

実際に多くの国で医療や医療保険は公的な運営に委ねられています。日本でも医療保険は政府が保険者となり、国民を全員加入させることを原則としています（国民皆保険）。皆保険制度を採用している理由には、若年層もいずれ年をとったときにその恩恵にあずかることができるという点もあります。

　病気になった場合以外にも、職を失ったり、年をとって働けなくなったりするなどの人生の重大な心配事に関しては、市場による保険サービスの供給は十分ではない可能性があり、政府が税金とは別に働く人から社会保険料を集めて雇用保険や年金などの事業を運営しています。全体をまとめて社会保障と言います。

　ただし、公共財の箇所でも述べたように、これらは国民が必要とするサービスである一方で、国営だと収益原則による規律が働きません。そのため、規模が過大になっていないか、資源の無駄遣いはないか、提供するサービスの質は十分か、などの点について国民の監視も必要です。

3.11　非対称性を是正する規制——国家資格の例

　情報の非対称性の度合いが深刻で、当事者だけの工夫では是正できない場合には、政府がこれを規制する場合があります。たとえば、国家資格は、国が一定の資格を設けて審査し、有資格者にのみサービス提供をさせるという非対称性を是正する制度です。

　ここで美容師や理容師の国家資格について見てみましょう。通常、理髪の職業に就くには、美容師や理容師の国家資格を得ることが必要です。しかし、この資格を得るための国家試験を受けるには2年間の専門学校への通学が必要で、仕事に直接関係のない一般教養も試験科目に入っているそうです。それでいて、現実には資格を取っても「現場で一から学び直しです」というケースも多く、技能の審査基準としては心許なく感じます。本来、サービスを受ける消費者にとっては、「必要な技能

市場の機能不全とそれを補う方策　第2章

を持っているかどうか」さえわかればよく、あとは自分の必要と好みに合ったサービスを選べばよいはずです。

　結局、この例では国家資格がなんのための制度なのか、わかりづらくなっています。理容師と美容師の垣根を厳しくすることにより競争をコントロールしようとしてきた実態もあるようです。「国家資格」は大きな信用をもたらすため、必要以上に難しいものになってしまっているのかもしれません。

市場の働きだけでは解決できない分配問題

　市場は効率性という点で優れているということは、これまでの話でかなり明確になったと思います。市場の失敗に気をつけながら、市場の働きを可能な限り広げていくことは、経済成長の基本的な方向です。

　市場の失敗の議論でも出てきたように、公共財を供給する場合でも原資が必要となります。その原資を生み出すためにも、市場が最大限機能することは必要なのです。

　よく、経済は「パイを作ってみんなに分ける」ことにたとえられます。まずは、「パイそのものを大きくすること」が重要です。材料をたくさん仕入れて、いかに無駄なく大きなパイを作るのか、知恵を絞らないといけません。そのためには、これまで見てきたような市場の効率性の働きは必要不可欠です。

　一方、「パイを誰にどれだけ分けるのか」という側面も重要です。たとえば、各人の努力に応じて分けるべきか、パイを食べる必要の度合いに応じて分けるべきか、そのバランスをとるのか、といった**「分配問題」**も経済にはつきものです。こうした分配の問題は、今まで見てきたような市場の働きだけでは答えが出ません。

　一般的に市場では、熱心によく働く人、優れた能力を持っている人、運がいい人などは平均より高い稼ぎ（賃金や投資からの収益）を得ることになり、蓄積していけば財産も蓄えられます。また、労働に対する意欲の個人差というのもあります。才能があってもあくせく働くよりはのんびりと暮らし、稼ぎもそこそこで構わないという人もいると思います。

　一方、我々は公共財の供給を担う政府の費用も負担する必要があります。さまざまな税金がその役割を果たしますが、その負担の分配を考え

市場の機能不全とそれを補う方策　第2章

る際にも「割り勘の原則」、つまり公平で明朗な会計による国民の納得が必要です。

　それでは、具体的にはどのようにパイを分けるべきなのでしょうか。これについては、人々の格差の拡大を心配する人がいる一方で、一所懸命働いた人が報われないのはおかしい、と考える人もいます。

　つまり、なにが公平な分配なのか、なかなか一刀両断の議論は難しいと思われます。ただどう分けるにしても、パイそのものはできるだけ大きくした方が、各人の分け前は確実に大きくなり、それだけ幸せも大きくなるはずです。効率性（パイの拡大）と格差（パイの分配）の問題は、混同せず別々に議論した方がいいでしょう（図2-6）。

　またパイの分配問題は、市民の間で税金や社会保険料の負担を、お金

図2-6 ●効率性と分配問題の区別

パイをどうやって大きくするか　　パイをどうやって分けるか

経済成長

みんな
頑張れ！

公平分配

なかなか
難しい……

持ちにもっと負担してもらうべきか、所得などに関わらず定額にするかという「割り勘問題」に帰着します。しかし、それはある意味、短期的な対応策でしかなく、むしろ**長期的に格差が固定しないようにすることの方が社会としては重要かもしれません。**

　たとえば、所得や財産が平均より低い家庭に生まれても、次の世代が所得を改善できるチャンスをできるだけ多く持てるような社会構造にしていくことが必要です。IT技術を含む、質の高い教育を小中学校で提供すること、就職や起業の実践的な教育を強化することなどが、分配問題を公平にするために必要な政策になっていくと考えられます。

市場の機能不全とそれを補う方策　第2章

5 市場をうまく働かせるために
──まとめ

　本章では、第1章の「虫の目」で見た市場の働きを、実際の経済の中で活かしていくために必要となる知識を学びました。市場は経済に効率性をもたらすたいへん強力なエンジンですが、独占という現象が現れるとうまく動かなくなります。価格を支配しようとするカルテルや、市場の独占を狙う合併などを取り締まる必要もあります。ただ、企業が大きくなることは、効率性を高める場合も多くあるので、注意が必要でした。

　市場のエンジンがさびつくもうひとつの可能性が、収益原則の規律がなくなることでした。国営・公営、官業、独立行政法人など呼び方はさまざまですが、民間ができる事業を国が行おうとするのは非効率性の温床になりがちです。政府が抱えている事業を絶えず見直し、民営化を拡大していく必要についても本章では考えました。

　また、市場を働かせるためには、そもそもエンジンが働かない「市場の失敗」のこともよく理解しておく必要があります。たとえば、外部性の問題である地球温暖化は、市場の働きに委ねると悪化してしまいます。市場活動からの環境への「漏れ」を炭素税という形でもう一度「内部化」することが必要でした。

　公共財も市場ではほとんど供給されません。ただし、現実には政府は公共財と言えないサービスまで供給している場合も多く、国民としてその是非を十分に考える必要がありました。

　そして、経済を「パイ」にたとえたとき、市場は「パイを大きくする」ことに長じていますが、「パイの分け方」については、完璧ではなさそうです。分配の公平性をどう担保するかは非常に重要かつ難しい命題ですが、人々の労働意欲を削がないようにすること、格差が固定化し

ないように教育や訓練を怠らないことなどが大切なのは間違いないでしょう。

　これで「ミクロの目＝虫の目」による旅は終わりです。ミクロの旅はいかがだったでしょうか。ミクロ経済学の知識を得たことで、普段は見えにくい、経済の背後にある原理が見えてくるようになったのではないでしょうか。

　これから私たちは一気に空へと舞い上がり、「鳥の目」で経済全体を眺めることになります。そこでは、これまでと全く違った風景が見えてくると思います。ただそのときにも、地上ではなにが起こっているのかを「虫の目」で見た経験は、きっと生きるはずです。

第 2 部

マクロ経済学の
メガネ

鳥の目

第3章

経済の体調管理①
—— 財政政策、国民所得の決定

要 旨

☞経済の大きさを測る「ものさし」として、GDP（国内総生産）という考え方がある。GDPとは、「ある国の中で、ある一定期間内に、新たに生み出された価値（付加価値）の合計」を意味する。

☞政府は「財政政策」、中央銀行は「金融政策」を通じて、「マクロ経済学」の視点から、経済の体調を管理している。

☞経済全体の総需要は、「消費」「投資」「政府支出」など、いくつかの要素に分類できる。

☞消費の大きさは、所得で決まる。所得が増加すれば
　消費は増加し、所得が減少すれば消費も減少する。

☞投資の大きさは、金利で決まる。金利が高くなれば
　投資は減少し、金利が低くなれば投資は増加する。

☞政府は、経済の安定化のために、「政府支出」や
　「税」を通じた財政政策によって、経済全体の総需
　要の大きさをコントロールしようと働きかける。

☞政府の財政政策の目標は、現在の経済の体温をあら
　わす「均衡国民所得」を、経済の体調が安定する「完
　全雇用国民所得」になるべく近づけることである。

1 なぜ、「鳥の目＝マクロの視点」が必要か

▌ 1.1　マクロ経済学の出番は、経済が「風邪をひいた」とき ──

「マクロ経済学」の世界へようこそ。ここからは、これまでの章で見てきた「ミクロ」のメガネとは少し違ったメガネをかけて、日本経済の様子を見てもらおうと思います。

マクロ経済学のメガネを簡単に表現すると、**「鳥の目」**と言えます。**つまり、国民経済全体を「俯瞰」して見るというのが「マクロ」の視点**になります。

では、そもそもなぜ、「鳥の目＝マクロの視点」が必要なのでしょうか。

これまでの「虫の目＝ミクロの視点」では、人体で言うと細胞のレベルにあたる個々の家計（消費者）や企業と、彼らが参加する膨大な数の「市場」の働きを見てきました。

私たちの身体も何十兆個もの細胞によってできていますが、個々の細胞のことは特に意識していませんよね。それでも、個々の細胞が自動的に調整し合い、全体として私たちの生命を維持し、健康を保つ仕組みになっている。市場の働きはそれとよく似ている、という説明もしました。

もちろん、第2章で見たように、こうした市場の自動調整機能が働かない「市場の失敗」のようなケースもありますが、これは生活習慣病のようなもので、ある程度自覚して対策を講じておけば、健康に大きな問題はないはずです。

しかし、それでも人は風邪をひきますね。風邪をこじらすと非常に危険な場合もあります。経済でも、同様のことがときに起こります。「鳥

経済の体調管理①——財政政策、国民所得の決定　第3章

の目」、すなわちマクロの視点が必要になってくるのは、まさにそのようなケースです。

┃ 1.2　ミクロの「合理性」がマクロの「不合理性」になる──合成の誤謬

　では今度は、マクロの視点が必要になってくる状況を、たとえ話で説明してみましょう。

　今、ある国の経済が深刻な不況に陥ってしまったとします。その結果、超有名企業が相次いで倒産し、そうしたニュースが新聞やテレビで盛んに取り上げられるようになりました。

　これを見て個々の消費者（ミクロ）は、当然、国の経済（マクロ）が早くよくなってほしいと思いますよね。ただそうした一方で、「これから経済がどうなるかわからないから、商品を買うのは必要最低限にしておこう。それで余ったお金は、もしものときに備えてとっておこう」と考え、そのように行動するはずです。それは全く当然のことで、各々にとってみれば極めて合理的です。

　ところが、消費者が全員このように考え、商品を買い控えていると、企業の商品の売上は今以上に落ち込みます。そうすると、企業が働く人々に払える給料も減り、彼らの所得は減ってしまいます。所得が減れば、人々の商品を買う量はさらに減るでしょう。その結果、さらに企業の売上は減ってしまいます。企業の中には雇用を減らすところも出てくるかもしれません。

　こうして、**個々の企業や消費者（ミクロ）にとっては全く合理的な行為だったのに、それが集積された結果、経済全体（マクロ）としては悪い結果になってしまいます。**このままでは不況を脱出することはできないでしょう。このような、一つひとつの事象は正しくてもそれらを合わせると間違いになる、この現象を**「合成の誤謬」**と言います。

　この説明だけでも、経済は「ミクロ経済学＝虫の目」だけでなく、

93

「マクロ経済学＝鳥の目」で見ないとまずい場合がある、ということが十分わかってもらえたと思います。個人（家計）と企業の合理的な行動だけを考えていれば一番いい結果が出るという100％の保証はなく、**政府と中央銀行（日本の場合は日本銀行）が「鳥の目」を持ちながら、調整をしていく必要があるのです。**

「木を見て森を見ず（物事の一部分や細部に気を取られて、全体を見失うこと）」という格言があります。1本の木だけのことを大切に育てようとすると、森全体がバランスを崩し、森が枯れてしまうかもしれません。しかし、その逆もあります。森全体のことだけを見ていると、その大切にしようとしている1本の木が枯れてしまうかもしれないのです。

　まったく同じことが経済についても言えます。だからこそ、私たちは「ミクロのメガネ」と「マクロのメガネ」の両方を持ち、経済の「全体」と「部分」を見ることで、問題の本質をつかむことが必要なのです。

経済の体調管理①──財政政策、国民所得の決定　第3章

経済全体の「体調管理」は政府と中央銀行の仕事

2.1　マクロ経済政策の主役は「政府」と「中央銀行」

　それでは、政府や中央銀行は、マクロ経済学の視点から、どのように経済を調整していくのでしょうか。その答えは、**「財政政策」と「金融政策」というマクロ経済政策です。**

　そう言われても、今は「？？？」という人がほとんどだと思いますが、それぞれ第3章と第4章で詳しく解説しますので安心してください。

　ここから始まるマクロ経済政策のお話では、前述した通り、「政府」と「中央銀行」という登場人物が重要な役割を演じます。

　最近、新聞やニュースなどを見ていると、**「アベノミクス」**という言葉をよく耳にします。アベノミクスとは、2012年12月に、安倍晋三首相が政権に復帰してから実施されてきた経済政策のことです。特に、**「大胆な金融政策」「機動的な財政政策」「民間投資を喚起する成長戦略」の「3本の矢」**というフレーズが用いられ、デフレ経済から脱却し、名目で3％、実質で2％の経済成長率と、物価の安定目標としてインフレ率2％を達成するための経済政策が行われています（いきなり難しい経済用語が出てきて面食らった人もいるかもしれませんが、おいおい説明していきますので、ここはあまり深く考えず先に進んでください）。詳しくは次の第4章で解説しますが、中央銀行である日本銀行（日銀）が、1本目の矢である「大胆な金融政策」に深く関わっています。

　さらに2015年9月には、「アベノミクス第2ステージ」として「2020年の名目GDPを600兆円にする」という目標が掲げられました。ではなぜ、こうした経済政策に政府や中央銀行は取り組んでいるのでしょ

95

か。

それは、**政府や中央銀行には、経済を安定させていくという重要な使命がある**からです。第2章までの議論でも、政府はいわゆる「市場の失敗」を補正・是正するために、規制をしたり、所得を再分配したりするという話がされてきました。「マクロ」のメガネをかけて、政府の仕事を眺めてみると、政府はさらに「経済の安定化」「国民が安心して生活するための環境作り」「将来世代への配慮」といった仕事もしていることがわかります。

経済が安定しなければ、私たちの生活に悪影響が及んでしまいます。皆さんの体温を考えてみてください。熱が出て、体温が高くなれば体調は悪くなりますし、体温が低すぎても大変です。できるだけ「平熱」を保つことが、最も健康的ですし、皆さんもそのために体調管理をしていると思います。また体調がよくないときは薬を飲んだりしますね。政府や中央銀行は、こうした経済における「体調管理」をしていると考えるとイメージがしやすいかもしれません。

そして、政府や中央銀行が経済の体調管理のために行っている活動や薬が、先述した財政政策と金融政策なのです。

▌2.2 政府による財政政策を通じた経済の調整

日本経済全体での需要と供給を考えた場合、需要量がとても大きくなってしまうと、すべての人々が働いてモノを作ったとしても、生産が追いつかず、品不足の状態が発生してしまいます。そういうときは、需要量を抑えることが必要になるでしょう。

一方、需要量がとても小さくなってしまうと、せっかくモノを作ってもなかなか買ってもらえないので、企業はモノの生産を抑えるようになり、やがて景気が後退してしまいます。そうした場合は、逆に需要量を増やすことが必要になります。

経済の体調管理①——財政政策、国民所得の決定　第3章

　そこで**政府は、本章で解説する財政政策を通じて、財やサービスなど
の需要量（総需要）をできるだけコントロールしようとします。**アベノ
ミクスでは、それが２本目の矢である「機動的な財政政策」にあたりま
す。また３本目の矢である「民間投資を喚起する成長戦略」で民間投資
を増やしていこうということも、これにあたります。

　本章では、まず、財やサービスなどの「財市場」において、政府はど
のように「体温」を調整しようとしているのかを考えてみます。

2.3　中央銀行による金融政策を通じた経済の調整

　世の中全体に流通している貨幣の量も、所得や物価などに大きな影響
を与えます。貨幣量を調整するのは、貨幣を発行している中央銀行の仕
事です。

　**中央銀行はこの貨幣量をコントロールすることで、たとえば経済が
「平熱」よりも低い体温になってしまうとき（＝不況やデフレ）には体温
を上げようとし、逆に、経済が「平熱」よりも高い体温になってしまう
とき（＝好況やインフレ）には体温を下げようとします。**

　たとえば、「インフレ」という物価が上昇し続ける状態になると、皆
さんが財やサービスを購入しようとしても大量のお金が必要になり、生
活が苦しくなってしまいます。

　一方、「デフレ」は物価が下降し続けていく現象で、一見するとモノ
の値段が下がっていくのはよいことなのでは、と思うかもしれません
が、価格が下がることで企業の売上が減少し、給料も減ってしまえば、
それもまた生活が苦しくなってしまう原因になります。物価も適度な状
態を維持していくこと、つまり、体温で言えば「平熱」を維持していく
ことが重要なのです。

　このような調整を中央銀行は、金融政策を通じて、行おうとします。
これがアベノミクスの１本目の矢の「大胆な金融政策」になります。

97

こうした「貨幣市場」における体温調節については第4章で考えていきます。

2.4　経済成長と将来世代への配慮

また体調管理だけではなく、そもそもの基礎体力を高めていくことも健康のためには必要ですね。経済でたとえるなら、それは**「経済成長」**にあたります。

国が豊かになっていくためには、経済成長は欠かせません。小さなパイを皆で分けるよりも、大きなパイを皆で分けた方が、1人あたりの取り分は大きくなります（もちろん、分ける人数が同じであればですが）。経済成長とは、こうしたパイの大きさ自体を大きくしていくことです。

これがアベノミクスの3本目の矢の「民間投資を喚起する成長戦略」であり、その経済規模の具体的な目標が、さきほど述べた「2020年の名目GDPを600兆円にする」という数字であったりします。これについては第5章で考えてみましょう。

また「将来世代への配慮」という点では、財政再建の問題、消費税の問題、社会保障の問題などもあります。政府は、経済の状態をよくするために、借金をして、政府支出（政府が使うお金のこと。119ページ参照）を増やしたり、減税をしたりします。その借金は、将来世代の負担になります。

このような将来世代の負担をどのように軽減していくかということも政府は考えていかなければなりません。また、人口減少、少子化、高齢化の中で、どのように安心できる社会を創っていくかを考えることも、政府の重要な役割です。こうした問題については、第6章、第7章で解説していきます。

改めて整理すると、**政府や中央銀行は、社会の「お医者さん」役となって、財政政策や金融政策を使いながら、経済の「体調管理」を行って**

いきます。この体調管理がマクロ経済政策なのです。

　では、こうした政策は、どのような理論で考えられ、どのような仕組みになっているのでしょうか。実は「マクロ経済学のメガネ」をかけて見ることで、その仕組みがわかるようになってきます。最初は少し大変かもしれませんが、このメガネをかけて、経済問題を見れば見るほど、さまざまなことがわかり、面白くなってきます。

マクロ経済政策の旅に出発する前の3つの準備

　これから「マクロ経済学のメガネ」を手に入れるための旅を始めていきますが、最初に旅の準備をしておきたいと思います。旅の準備と言っても、そんなに大変なことではありません。話を進める前に、いくつか知っておいてほしいことがあるというだけです。皆さんが旅行に出かけるときも、出発前に地図やガイドブックを買って、主な観光スポットや食事をする場所をチェックしておくことがありますよね。それと同じです。

　ここでは、旅の準備として3つのことを学んでいってほしいと思います。その3つのこととは、**①マクロ経済政策の世界にはどのような人がいるのか、②その人々はどのような行動をしているのか、そして③マクロ経済政策の世界ではどのような「ものさし」が使われているのか**、ということです。

3.1　マクロ経済政策の世界に住む人々

　マクロ経済政策の世界に住む人々には、**「家計」「企業」「政府」「金融機関」「中央銀行」**などの人々（経済主体）がいます。

　第1章、第2章でも見たことがある人々だな、と思われたかもしれません。その通りです。私たちが見ているのは「経済」という現象です。それを「虫の目」（ミクロ）でひとつの市場を見るのか、「鳥の目」（マクロ）で経済全体を見るかの違いです。同じものを違った「メガネ」から見ているのですから、その世界に登場する人々は、ほとんど同じです。

　こうした人々は、日々、さまざまな経済活動を行い、たくさんの新たな価値（**「付加価値」**と言います）を作り出しています。その様子を「鳥

経済の体調管理①——財政政策、国民所得の決定　第3章

の目」で俯瞰して見てみましょう。

　まず、**「家計」**は、皆さんたち自身、皆さんの家族であると言えるでしょう。皆さんの家族は、企業に「労働力」「土地」「資本」を提供し、その対価として「賃金」「地代」「利子・配当」などを得ています。また**「企業」**は「財・サービス」を提供し、その対価を皆さんは支払っていると思います。これらは市場を通じて交換されています。

　また家計や企業は、**「政府」**に「税金」や「保険料」などを支払っていますね。保険料には、「医療保険料」「年金保険料」「介護保険料」などがあります。

　政府は、集まった税金を基に「公共サービス」を家計や企業に提供しています。たとえば、皆さんの周りでは、道路が整備されたり、公園が作られたり、日々のゴミの収集などが行われています。警察官は日々の治安を守り、消防士は火事の発生や救急に備えています。自衛隊は、他国からの軍事的脅威から国を守り、災害発生時には、救護・救助活動を行っています。これは、私たちの生活にはなくてはならない公共サービスです。政府はまた、「社会保障サービス」（医療、年金、介護、生活保護など）も提供しています。

　一方、**「金融機関」**には、銀行、証券会社、保険会社、投資ファンドなどがあります。「銀行」は、皆さんからお金を預かり、企業に資金を融資したりします。海外との取引では為替の仕事をしています。銀行の仕事には、①預金業務、②融資業務、③為替業務の3つがあるということを、ぜひ覚えていてください。

　証券会社は、会社が発行する株式や社債などの「有価証券」を取り扱う金融機関です。保険会社は、皆さんが重い病気になったり、事故の被害にあったり、もしくは自分が事故を起こしてしまったときのための金融機関です。保険を利用していれば、病気や事故による経済的ダメージを緩和することができます。

　投資ファンドは、少し馴染みがないかもしれませんね。たとえば、投

101

資ファンドは、家計からお金を預かり、会社の株式を買うことを通じて出資したりします。出資することで、会社の経営に参画し、その会社を成長させ、そこから得られる利益を、自分たちのファンドにお金を預けてくれた人に分配しながら、その資金規模を大きくしていきます。

このように金融機関は、お金に関わるさまざまな経済活動を行っています。

最後に**「中央銀行」**は、経済全体の貨幣の価値をコントロールして、皆さんの経済生活を安定化するための活動をしています。実際にある国では、「貨幣の価値が急激に変わり、パンを買うのにも大量の貨幣（たとえば何十万円）が必要になってしまった結果、生活がとても苦しくなってしまった」ということがありました。貨幣の価値が安定するということは、貨幣経済の社会に生きる私たちにとって、とても重要なことなのです。

ここまで説明してきた登場人物の関係を図3-1にまとめてみました。図3-1こそが、まさにこれから皆さんが学ぼうとしている「マクロの視点」から見た国民経済の姿です。ここまで理解することができたら、まずはマクロ経済の世界を俯瞰して見ることができた、ということになります。

今、皆さんが俯瞰している世界では、財（モノ）、サービス、お金が常に動いており、こうした経済活動を通じて、新しい価値（付加価値）が生み出されています。そして新たに作り出される価値の量が増えていくことで、その社会は発展し、豊かになっていきます。人々も、より多くの富を手に入れ、自分たちのニーズを満たしていくことができるのです。

第3章 経済の体調管理①——財政政策、国民所得の決定

図3-1 ●マクロ経済政策の世界の登場人物とその関係図

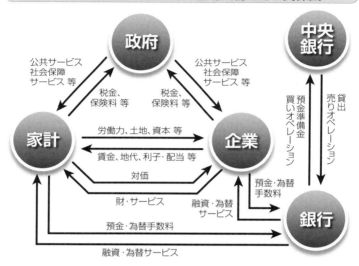

3.2 経済は「循環」している

ここまでマクロ経済政策の世界に住む人々を見てきました。次は彼らがどのような経済活動をしているのかを見ていきます。ここでは、**「所得」「消費」「貯蓄」「投資」「雇用」**といったキーワードから俯瞰してみましょう。

経済活動の中で**「所得」**が発生する、すなわちなんらかの形でお金を得ると、皆さんはその所得を**「消費」**に回すか、あるいは銀行にお金を預けるなどして**「貯蓄」**すると思います。

皆さんが消費活動を行うと、財やサービスを提供する企業は売上を得ることができます。企業は売上が増えれば、もっとたくさんの財やサービスを提供しようと思い、設備を増やしたり、新たに働く人を雇ったり

します。前者は**「設備投資」**で、後者は**「雇用」**です。

　企業は設備投資をする場合、自社が持っている資金（資本）だけで足りない場合は、銀行から融資を受けたり（＝このとき、銀行からお金を借り、銀行に利子を払います。借りたお金なので返済する必要があります）、銀行やファンドなどの金融機関から投資をしてもらったり（＝株を渡し、配当を支払います。投資してもらったお金自体は返済しません）します。こうした資金調達も企業にとっては重要な仕事になります。また、そうした融資や投資は、皆さんが銀行に預けたお金などが原資（元手）になっています。

　さらに、企業が生産規模を拡大するために、新たに人を雇用した場合、当然ながら社会全体で雇用の量が増えることになります。雇用が増えれば、社会全体の所得も増えますので、お金は量を増やしながら、循環して、さらに消費や貯蓄が増加していきます。このように経済は、「所得」「消費」「貯蓄」「投資」「雇用」などを通じて循環するのです（図3-2）。

　また、経済の状況が悪くなるときの循環についても考えてみましょう。海外の国々で景気が悪くなったり、金融危機が起きたりするなど、なんらかの経済的なショックが発生し、消費の量が減ってしまったとします。そうすると、企業が提供している財やサービスは売れ残ってしまい、企業にとっては大きな損（赤字）が発生します。

　すると、企業は生産規模をそのままにしておくと、次第に損失が大きくなってしまいますので、生産規模を調整し、縮小するかもしれません。生産規模を縮小することになれば、新たな投資は必要なくなり、雇用の量も減少してしまいます。そうすると、世の中全体の雇用量が減ってしまい、それによって世の中全体の所得も少なくなってしまいます。その結果、消費や貯蓄の量はさらに減ってしまい、経済は悪循環の中でどんどん縮小していってしまうのです。

経済の体調管理①――財政政策、国民所得の決定　第3章

図3-2 ●経済の循環

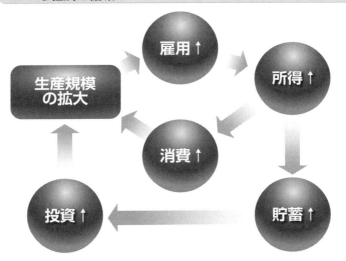

3.3 バブル崩壊やリーマンショックは悪い経済循環

こうした経済の悪循環について、今度は「土地」や「住宅」を購入するという経済行動を例にして、考えてみましょう。

土地や住宅を購入するには多額の資金が必要になりますね。そこで、土地や住宅を購入する場合には、一般的にはローンを組んで、金融機関から資金を調達してきます。

当然ですが、金融機関は融資した資金は回収をしなければいけません。回収できなければ、それは金融機関にとっての大きな損になってしまいますし、次の投資や融資もできなくなってしまうからです。そこでお金を借りた人が返せなくなったら、お金の代わりに、お金を借りた人が持っている資産で回収することを考えます。これを**「担保」**と言います。たとえば、住宅ローンなどの場合には、購入した住宅が担保になっ

たりします。

　ここでも、その担保を、購入する土地や住宅に設定するとしましょう。土地や住宅の価格が上がっているときには、あまり大きな問題は生じません。たとえば、1億円の土地を全額ローンで購入したＡさんが、なんらかの都合で金融機関にローンを返済できなくなったとしても、金融機関は1億円から値上がりをしているＡさんの土地を担保として回収し、他の人に売れば損をしないからです。

　そこである金融機関が、「所得の低い人でもお金を借りやすくして、住宅を購入しやすくしよう」と考えて、それを実現するための新たなローンを作ったとしましょう。その新型ローンのおかげで、所得の低い人でもお金を借りて、住宅を持つことができるようになっていきます。

　住宅を買おうとする人が増えれば住宅価格は上がり、金融機関もより収入の少ない人にもお金を貸そうとするでしょう。その結果、さらに多くの人が住宅を持てるようになり、住宅の売買が盛んになることで景気もよくなっていきます。

　しかし、ここで政府が、「景気がよくなったのはいいが、住宅価格が上がりすぎている。また、住宅以外の物価も高くなっているから、このままだと国民生活が苦しくなってしまうかもしれない」と判断し、住宅価格を抑えるように政策を変更したとします。

　すると、それをきっかけに経済の状況が政府の想定以上に悪くなってしまいました。企業は、生産規模を調整するために、雇用を調整し始めます。それが原因で解雇されたり、さらに収入が少なくなったりした人たちは、住宅を購入する際に借りたお金を返せなくなってしまいます。

　そうすると金融機関は、担保になっていた土地や住宅を売却して、貸していたお金を取り戻そうとします。ところが、景気が悪くなっているうえに、住宅を売る人が増え、逆に購入しようとする人が少なくなっているので、住宅の価格は大きく下落しています。金融機関は、担保として押さえていた土地や住宅を売却しても、貸していたお金のすべてを取

り戻すことができなくなり、大きな赤字を抱えることになります。

さらに、その赤字や不良債権（当初の約束通りに返済してもらえなくなってしまった貸出金などのこと）は、いつのまにか自分たちだけでは処理できないほどの大きなものになってしまっていました。そうなると、金融機関は、お金を自分たちに預けてくれている人たちに、その分のお金を返せなくなる状態になり、そのうち倒産してしまう金融機関も出てくるでしょう。返せなくなる状態までにはならなくても、その金融機関の信用が低くなれば、金融機関はお金を集めることができなくなってしまいます。

このような状況では、金融機関は、企業に投資や融資をしづらくなってしまいますし、それによって企業の生産規模も縮小してしまいます。また企業によっては倒産してしまうかもしれません。別の企業にとっても、取引をしている企業が倒産をしてしまえば、売上が回収できなくなってしまいますので、収益が減ってしまいます。そうすると、そこで働く人たちの所得が減ってしまうので、消費も少なくなり、ますます不景気になってしまいます。

こうして、経済の悪循環が進んでいき、経済全体が大きなダメージを負ってしまうのです。

これはたとえ話ですが、私たちは似たような状況を、この30年の間に日本や米国、そして世界各国の中で実際に経験してきました。

日本では1990年代初頭に**バブル経済**が崩壊しました。その結果、「潰れない」と信じられてきた金融機関が倒産し、また金融機関が持つ不良債権、そして金融機関の資金調達の困難化や企業の資金繰りの悪化に、日本経済はたいへん苦しみました。

また2008年に起きた**リーマンショック**では、それを契機にして世界で同時に深刻な経済危機が起きました。この危機は、日本にも押し寄せ、大きなショックを与えました。

107

ここまで見てきたように、経済の循環は私たちの生活をよくしていくものでもあり、悪くしていくものでもあります。したがって、経済がどのように循環しているのか、その循環の中で、なにか経済的なショックを引き起こすものが発生していないかを、常に注意深く見ていく必要があるのです。

3.4　GDPという「ものさし」

　ここまでで、マクロ経済政策の世界に住む人々にはどのような人々がいて、それぞれがどのように行動をし、どのように影響し合っているかを見てきました。これで、皆さんはマクロ経済政策の世界を眺める「メガネ」を少しだけ手に入れられたということになります。

　もうひとつ、皆さんに旅の準備として用意してほしいのが、経済の大きさを測る「ものさし」です。

　たとえば、「日本の経済は30年前に比べて、大きくなっているのか、小さくなっているのか」「日本と米国の経済の大きさはどのぐらい違うのだろうか」といった経済の問題を考えるときに、その国の経済の大きさを測る「ものさし」があれば便利ですよね。

　そうした「ものさし」の中で最も代表的なものに、**GDP**（Gross Domestic Product：国内総生産）があります。では、ニュースや新聞でよく目にするこの GDP とはどのようなものなのでしょうか。

3.5　「付加価値」を集計する

　GDP とは、**「ある国の中で、ある一定期間内に、新たに生み出された付加価値の合計」** を意味します（「付加価値」については、このあとすぐに説明します）。また、**GNP**（Gross National Product：国民総生産）という「ものさし」もあります。GNP は、**「ある国の国民が、ある一定期間内**

に、新たに生み出した付加価値の合計」を意味します。

　GDP は、どの国の国民かは関係なしに、ある国の国内で新たに生み出された付加価値の合計であり、日本人以外の人が生み出したものでも、日本国内で新たに生み出された付加価値であれば、これに含まれます。一方、GNP はどの国の国民が生み出したものか、ということが重要になりますので、たとえば日本の GNP の場合、世界中のどの国においても、日本人が新たに生み出した付加価値であればこれに含まれます。

　現在、多くの経済指標では、GDP が用いられています。グローバル化が進展している中で、国内の景気に対応する日本の経済の規模を測るということを考えれば、確かに GDP の方が適切でしょう。

　さて、ここで「付加価値とはなにか」ということを改めて説明しておきたいと思います。次ページの図3-3を見ながら、皆さんがお昼に食べるランチのお弁当を思い浮かべてみてください。

　まず、農業、漁業、畜産業の仕事（生産）をする人々は、野菜を育てて収穫したり、海に漁に出かけて魚を獲ってきたり、さらには牛、豚、鶏を育てて肉にしたりします。これらは、どれも新たな価値、すなわち付加価値となります。

　お弁当を作る仕事（加工）をする人々は、生産の段階で作り出された付加価値である野菜、魚、肉を材料として購入してきて、料理をして、お弁当にします。ここでお弁当という新たな価値が野菜、魚、肉に付け加えられます。これも付加価値です。

　そしてお弁当をお店で販売（流通・販売）する人々は、お弁当を仕入れてきて、そのお弁当をより多くの人に買って、食べてもらうために、営業努力をしたり、サービスの質を高めたりします。こうした努力やサービスも付加価値となります。

図3-3 ●付加価値とGDP

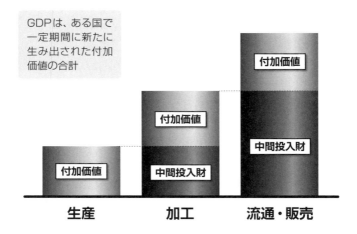

このように、**さまざまな段階で作り出された付加価値を集計し、ある一定期間内に、日本国内で、どれだけ作り出されたかを示すことができれば、日本の経済の大きさを測ることができる**ようになります。

ここでひとつ注意があります。単純に、野菜、魚、肉、お弁当、サービスをそのまま集計してしまうと、それぞれの価値は重複して集計されてしまい、新たに作り出された付加価値の本当の量を正確に測れなくなってしまいます。そこで、重複する財（中間投入財と言います）を総生産額から差し引く必要があります。それによって、正確な付加価値の量を測ることになるのです。

3.6　名目GDPと実質GDPの違い

GDPの話をもう少し進めていきましょう。GDPには「名目GDP」と「実質GDP」という2種類の「ものさし」があります。同じGDPで

経済の体調管理①——財政政策、国民所得の決定　第3章

も、「名目」と「実質」ではなにが違うのでしょうか。

　その違いを簡単に言うと、**「物価」を考慮しているかどうか、**というところにあります（物価については、第4章でお話しします）。すなわち、新たに生産された付加価値の大きさをその時点での市場価格で評価したものが「名目GDP」、新たに生産された付加価値の大きさを物価変動の影響を考慮して評価したものが「実質GDP」です。

　たとえば、同じ100円であっても、その時々の物価の状況によって「買えるモノ」と「買えないモノ」があります。ハンバーガーを想像してください。数年前は100円で買えていたのに、今は200円になっていたとします。もちろん、ハンバーガーの材料、大きさなどが変わり、値上げしたということも考えられますが、ひとつの要因として物価が上がったということもあります。

　このように、経済の大きさを比較するときに、単純に「名目」の金額だけではなく、物価を考慮し、その影響を除外した「実質」の金額で考えることが重要となります。そうでなければ、50年前の経済と現在の経済を比較することは難しいですよね。

　ちなみに、名目GDPを実質GDPで割って算出した比率を**「GDPデフレーター」**と言い、これも経済の状況を知るための大切な「ものさし」のひとつとなっています。GDPデフレーターは、基準となる年を100とする指数であらわされます（2016年現在の基準年は2005年です）。このGDPデフレーターを前年・前年度と比較すると、物価が上がっているのか、下がっているのかがわかります。

▎3.7　潜在GDPと実際のGDP

　GDPは、単純に経済の大きさを測るための「ものさし」ではなく、経済の課題を知るための「ものさし」としても使われます。ここではGDPを需要と供給という側面から見てみましょう。

111

まず、「日本経済がどれだけの GDP を生み出す力があるのか」を求めるには、日本国内の企業や産業が持つ設備や雇用者数などのデータを通じて日本経済の「供給能力」を把握し、さらにそれを最も効率的に活用した場合を想定することによって、理論的に算出できます。

「供給能力を最大限発揮したときに生み出せる GDP」は、経済の「潜在力」（ポテンシャル）とも言えるので、「潜在 GDP」と言います。

　一方、「実際にどれだけの GDP が生み出されたのか」は、日本経済全体の需要量（＝総需要）、すなわち社会全体における一定期間内の消費と投資のデータを把握することで、算出することが可能です。

　そして、**供給サイドから捉えた「潜在 GDP」と、需要サイドから見た「実際の GDP」を比較すると、経済の状況や課題が見えてくるのです。**

　図3-4を見ながら考えてみましょう。たとえば、潜在 GDP が実際の GDP を上回っていれば、経済にはまだまだ余力があるのに、なんらかの理由で需要が不足していて、その供給能力が使いきれていないということになります。もっと需要を増加して、経済の状況を改善していく必要があります。

　逆に、実際の GDP が潜在 GDP を上回っていれば、平均的な生産能力以上に需要が増加しており、品不足が生じている状況ということなので、需要を抑制したり、供給能力を増やしたりする対策が必要になります。

　たとえば、リーマンショックのような経済的なショックが起きると、総需要は落ち込み、実際の GDP と潜在 GDP のズレは大きくなってしまいます。そこで、実際の GDP をできるだけ潜在 GDP に合わせていくようなマクロ経済政策が必要になります。

図3-4 ●潜在GDPと実際のGDP

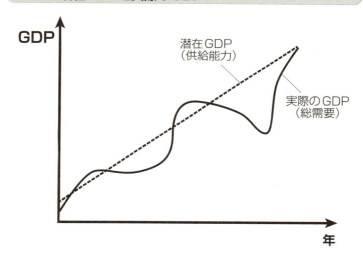

　短期的なズレの場合には、**政府は政府支出や税を調整する「財政政策」を、中央銀行は貨幣量を調整する「金融政策」を通じて、それぞれ需要量をコントロールします**。前にも述べたように、アベノミクスでは、1本目の矢(大胆な金融政策)、2本目の矢(機動的な財政政策)がこれにあたります。

　一方、**中長期的には、潜在GDPそのものの水準を高めていく、基礎体力を高めていく、つまり経済成長を促進させるための政策も必要となります**。これがアベノミクス3本目の矢である「成長戦略」に相当します。

　経済成長をしていくためには、成長の基盤を作るための投資を増加させなければなりません。また本来、もっと潜在力を持っているのに、規制や既得権などの「障壁」によって、それが阻害されている場合には、規制緩和や既得権を解消するような改革も必要でしょう。この点は、第

5章で考えていきます。

　このように整理してみると、マクロ経済政策の考え方からすれば、**アベノミクスの「3本の矢」は、何か新しいことをしようということではなく、当たり前の政策をしっかりやっていこうということ**だとわかります。

経済の体調管理①――財政政策、国民所得の決定　第3章

政府はどのように「総需要」をコントロールするのか

　旅の準備がようやく整いました。いよいよマクロ経済政策の旅に出発しましょう。この旅で、最初に目指すのは**「国民所得の決定」**という経由地です[1]。

　前項で、潜在GDPと実際のGDPのズレを最小化（＝経済を安定化）するために、政府は財政政策を通じて総需要を調整しようとする、という話をしました。実際に総需要のコントロールをどのように行うのか、その具体的な方法についてはもう少し後で詳しく解説します。ここではまず、コントロールする際の目標（ターゲット）となるものを紹介したいと思います。

　それが**「完全雇用国民所得」**と言われるものです。国民所得という言葉は、厳密に説明しようとすると、とても複雑になってしまうので、ここではざっくり「ある一定期間に国民が稼いだ所得の合計額」と考えてください。一方、「完全雇用」とは非自発的失業がゼロの状態、平たく言えば、「働きたいと思っている人はみんな働けている（＝職がある）状態」です。そのような理想的な状態のときに国民が稼ぐ所得の合計が完全雇用国民所得です。

　ただ実際には、さまざまな理由で完全雇用国民所得にはなかなかなりません。そうした**現状の国民所得の水準を「均衡国民所得」**と言います。

　政府は、財政政策を通じて総需要をコントロールしながら、この均衡国民所得をできるだけ完全雇用国民所得に近づけようとするのです。

4.1 需要の要素①──「消費」

　ここまで需要という言葉を何気なく使ってきましたが、この需要は、「消費」「投資」「政府支出」など、いくつかの要素に分解することができます。

　分解をしてみることで、経済の動きをより正確に把握することができますし、実際それに基づきながら政府は政策を行っていきます。このような分析の「メガネ」は、有名な経済学者であるジョン・メイナード・ケインズ氏が考えたものです。少し遠回りになりますが、需要の各要素について詳しく見ていきましょう。

　まずは**「消費」**という要素から確認してみます。図3-2のマクロの目で見た「経済の循環」の話を思い出しながら、消費の大きさがどのように決まるのかを考えてみます。

　まず、仮に所得がゼロであっても、生きていくためには、少なくとも食料費、住居費など最低限の消費はする必要があるでしょう。こうした日常生活に最低限必要な一定の消費のことを、経済学では**「基礎消費」**と言います。

　一方、稼いできた所得は、消費に回す場合と貯蓄に回す場合がありますね。消費と貯蓄の割合は人それぞれだと思いますが、稼いだ所得のうち、**消費に回す比率を「消費性向」と言います。**稼いだ所得のうち6割を消費に回しているとすれば、消費性向は0.6となります。

　また、これは感覚的に理解できると思いますが、所得が増えるにしたがって消費の大きさも増えていきます。したがって、「（国民全体の）消費の大きさ」と「国民所得」の関係をグラフにすると、図3-5のようにあらわすことができ、これを**「消費関数」**と言います。

図3-5 ●消費と国民所得の関係（消費関数）

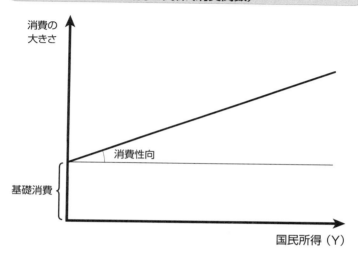

4.2 需要の要素②──「投資」

次に**「投資」**という要素について考えてみましょう。ここでは投資の大きさは、どのように決まるのか、ということについて確認します。

ここでも、図3-2のマクロの目で見た「経済の循環」の話を思い出してみてください。「設備投資」という言葉がありましたね。企業は自社の生産や営業などの事業活動を行うために、工場、店舗、機材などを揃えるための設備投資を行います。たとえばレストランを経営しようとすれば、店舗を借り、さらに客席用のテーブルなどさまざまな設備投資が必要になります。ここで言う「投資」は、こうした設備投資をイメージしてもらえると、わかりやすくなると思います。

今、投資を増やしていったときに、どのぐらいの利益を生み出していくかについて考えてみます。これを**「投資の限界効率性」**と言い、「投

資を１単位増加させたときに、どのぐらいの利益が生み出されるか（＝利益÷投資１単位）」ということをあらわします。「１単位増加させたとき」というのは、たとえば、レストランの座席のように、設備投資した「モノ」が１つだけ増加したとき、と考えてください。

たとえば、あるレストランの知名度が高まり、行列もできるようになりました。そこで、そのレストランの経営者は追加で10万円の投資を行い、レストランの座席を増やすことにしました。この追加投資分（座席の増加分）から新たに生じる利益が8,000円だったとします。

その後、レストランの人気がさらに高まったので、追加で10万円の投資を行い、座席をもっと増やすことにしました。この追加投資分から新たに生じる利益が4,000円だったとします。

このとき、最初の投資額の追加では、10万円の追加投資で8,000円の利益が得られたので、投資の限界効率性は８％（8,000円÷10万円）になります。次の投資額の追加では、10万円の追加で4,000円の利益が得られたので、投資の限界効率性は４％になります。

このような設備投資を自社の資金で行えればよいのですが、銀行からお金を借りてきて投資を行うことも考えられます。銀行からお金を借りると、銀行に利子を払わなければなりません。

今、銀行からお金を借りるときに金利が５％だったとします。すると、最初の追加投資では、利子を支払っても十分に利益（８－５＝３％）が出ますが、次の追加投資では、利子を支払うと損をしてしまいます。投資の限界効率性が金利を上回っていれば、投資が行われますし、投資の限界効率性が金利を下回れば、わざわざ損はしないので、投資は行われないと考えられます。

こうしてみると、**一般的に、投資は金利との関係で決まることがわかる**と思います。つまり、**投資は、金利が高くなれば減少し、金利が低くなれば増加する**ものと考えられます（もちろん、金利の影響を受けない投資もあります）。この「金利と投資の関係」は、第４章でも扱う重要な考

え方なので、しっかり覚えていてください。

ここで注意が必要なのは、**「投資の利子弾力性」**という言葉です。これは、金利が変化したときに、投資がどれくらい増加または減少するのか、という反応の大きさをあらわします。これが大きければ、金利の変化により、投資額は大きく変化します。逆に小さければ、金利が変化しても、投資額はあまり変化しません。実際に経済政策を考えていくときには、この「弾力性」（反応の大きさ）も考慮しておく必要があります。

4.3　需要の要素③──「政府支出」

ここまでは、家計や企業などの民間の経済主体について見てきました。マクロ経済政策の世界を俯瞰したときに、もうひとつ大きな役割を果たしている登場人物がいましたね。そうです、「政府」です。政府は保険料や税金を集めて、社会保障サービス、公共サービスなどのさまざまな公共支出を行っています。また皆さんも使うことがあるかもしれない公民館、公共図書館、公立病院なども公共サービスの一環として、建設され、管理運営がなされていますし、道路、橋の建設・整備なども行われています。

政府が行う経済活動、すなわち財政の機能には、主に３つの機能があると言われています。ひとつは**「資源配分機能」**もうひとつは**「所得再分配機能」**そして**「経済の安定化機能」**です。

「資源配分機能」とは、市場では供給することが難しいような財・サービス（公共財）の供給を行うことです。民間企業は市場を通じてさまざまな財・サービスを供給していますが、対価を得たり効率的に行ったりすることが困難な財・サービスの場合は通常供給しません。そういう財・サービスを供給していると、事業活動を継続できなくなってしまうからです。しかし、それでも社会において供給する必要がある財・サービス（例：警察、消防など）に関しては、政府が供給する必要があります

す。

「所得再分配機能」とは、主に市場の仕組みを通じては解消できない所得格差等の問題を緩和することです。市場の仕組みを活用すれば、所得が高い人と所得が低い人など、結果として格差が生まれてしまいます。こうした格差が拡大すれば、さまざまな社会問題の要因となることも考えられます。

そこで、たとえば所得に応じて税率が異なる（所得が高くなれば、税率も高くなる）累進所得税を通じて、個人間の所得格差を調整します。地域間の格差については、地方交付税交付金制度や補助金等を通じて、地域間格差の是正を行っています。このあたりは、第2章の市場の失敗を是正する仕事の中でも説明しました。

「経済の安定化機能」とは、経済の状況が不安定となり、国民の生活が苦しくならないように、経済状況を安定させることです。これが本章と、続く第4章、第5章で説明している内容です。

不景気のときは景気を好転させ、景気がよいときも「バブル経済」のような過熱状態にならないように、適度に調整します。また過剰なインフレが発生してしまった場合は、適切な状態に戻す必要がありますし、デフレが発生している場合は、デフレからの脱却が重要になります。

政府は、このような機能を「政府支出」や「税」を通じて果たしていこうとします。仮に政府支出を増加させたり、あるいは減税すれば、経済全体の需要量が増加します。一方、政府支出を減少させたり、増税すると、経済全体の需要量が減少します。

政府支出はわかりやすいと思いますが、税は少しわかりにくい部分があるかもしれないので、説明を補足しておきます。

今10％の所得税が課されているとします。皆さんの所得が100万円のときに、実際に使える金額（これを可処分所得と言います）は、所得税10万円（100万円×10％）を差し引いた90万円です。

ここで所得税が5％に減税されたら、所得税は5万円（100万円×5

経済の体調管理①——財政政策、国民所得の決定　第3章

％）になり、可処分所得は95万円になります。使える金額は増えました
ね。さきほど所得が大きくなれば、消費も大きくなると説明しました。
つまり、減税は所得を大きくし、消費を大きくすることで総需要を増加
させるのです。

　増税の場合は、この逆になります。所得税が20％になれば、所得税は
20万円（100万円×20％）ですので、可処分所得は80万円になってしまい
ます。所得が少なくなりましたので、消費も少なくなってしまいます
ね。

　ここで、皆さんは気がついたでしょうか。つまり、**政府は政府支出や
税の増減を通じて、経済全体の需要量を変化させることができる**ので
す。これが本章で説明しようとしている財政政策です。

4.4　需要の要素④——「輸出と輸入」

　ここまでは、国内の需要の要素を確認してきました。江戸時代のよう
に鎖国をしているのであれば、国内のことだけを考えていればよい（閉
鎖経済モデル）のですが、現実的には、日本は多くの国と貿易をしてい
ます。また他国の経済の状況が、日本経済にも大きな影響を及ぼしま
す。そこで、海外との取引や為替の影響などを考慮した開放経済モデル
も理解をしておくべきでしょう。

　日本が他国に財・サービスを提供するのが「輸出」、他国から日本が
財・サービスを仕入れるのが「輸入」です。

　改めて説明するまでもなく、輸出は日本経済を大きく支えています。
たとえば、日本企業は自動車を米国、欧州、アジア各国で販売していま
す。これは日本国内で作り出された付加価値が海外で使われることなの
で、**輸出は日本経済全体の総需要にプラスとなります**。その一方で、日
本は石油、食料品など、海外で生産された多くの財・サービスを輸入し
ています。この分は、海外で作り出された付加価値を日本国内で使うこ

121

とになるので、輸入元の国の総需要となります。ですので、**輸入は日本経済全体の総需要からは差し引く必要があります。**

　ここで注意が必要なのは、為替レートと交易条件です。**為替レートとは、円と外貨との交換比率です。**よく「円高」「円安」という単語がニュースなどで出てきますね。為替市場において、円の供給に余剰があれば、円の市場価値は他国の通貨と比較し、相対的に安くなって「円安」になりますし、円の供給に不足があれば円は相対的に高くなって「円高」になります。

　為替レートの変化が与える影響を考えるために、今、1ドル100円の場合と80円の場合を考えてみましょう。1ドルの商品を100円で購入していたのが、80円で買えるようになったということは、円の価値が高まったと言えますので「円高」、逆に80円で買えていたものが100円を支払わなければ買えなくなったということは円の価値が低まったと言えるので「円安」となります。

　ある日本企業が車100台を1台あたり3万ドルで海外へ販売するとしましょう。1ドルが100円の場合は、日本円に換算すると、1台につき300万円で、合計3億円の売上となります。一方、1ドルが80円の場合は、1台につき240万円で、合計2億4,000万円の売上となります。為替レートが20円違うだけで、売上に6,000万円の違いが生じます。輸出だけを考えれば、円安の状態が望ましいと考えられます。

　次に、海外の輸入を考えましょう。ある企業が牛肉100kgを1kgあたり80ドルで輸入するとします。1ドルが100円の場合は、1kgにつき8,000円で、合計80万円の支払いになります。一方、1ドルが80円の場合は、1kgにつき6,400円で、合計64万円の支払いになります。つまり、円高の方が安く仕入れることができます。輸入だけを考えれば、円高の状態がよいと言えるでしょう。

　したがって、円安のとき、輸出企業は輸出量を増加させ、輸入企業は輸入量を減らします。一方、円高のとき、輸入企業は輸入量を増加さ

122

経済の体調管理①——財政政策、国民所得の決定　第3章

せ、輸出企業は輸出量を減らします。このように、為替レートの変化は輸出や輸入の量に大きな影響を与え、最終的にはGDPを「円」単位で計算するときに大きな影響を与えるのです。

　ここでもうひとつ考えておくべきことがあります。それは、**「交易条件」**です。**交易条件とは、輸出価格と輸入価格の比率です。**今、為替レートは考えずに、財・サービスの価格だけで比較すると、たとえば、原油高などになったとき、日本にとっては輸入価格が上昇し、交易条件は悪化します。資源や材料を輸入して、日本で製造・加工し、海外に販売（輸出）する企業の場合、輸入価格が高く、輸出価格が低くなれば、その分、収益は減ってしまいます。

　たとえば、100円で海外から仕入れて、200円で海外に売っていれば、100円のもうけがありますが、120円で海外から仕入れて、180円で海外に売れば、もうけは60円になってしまいますね。このように「交易条件」も日本経済に大きな影響を及ぼします。

4.5　総需要の決定

　ここまで、需要を「消費」「投資」「政府支出」「輸出と輸入」に分解し、それぞれの要素がどのように決まるのか見てきました。分解をしているわけですから、**これらを合算すれば「日本経済の総需要の大きさ」ということになります。**ただし、輸入は、他の国で生産された財に対する需要になりますから、この分は差し引かなければいけませんね。

　また、**「税金」**のことも考慮しておきたいと思います。所得のうち、実際に使える所得（可処分所得）は、所得から税金額などを差し引いたものとなります。したがって、増税になれば、可処分所得は小さくなり、消費も少なくなるでしょう。逆に減税になれば、可処分所得は大きくなり、消費は増えます。ですから、消費の大きさも可処分所得で考える必要があるのです。また、投資に関わる税金が投資の大きさに影響を

123

与えることも考慮しておく必要があります。

ここで、図3-5であらわした消費関数のグラフに、投資、政府支出、輸出と輸入も加えてみると、図3-6となり、これが総需要の大きさと国民所得の大きさとの関係になります。

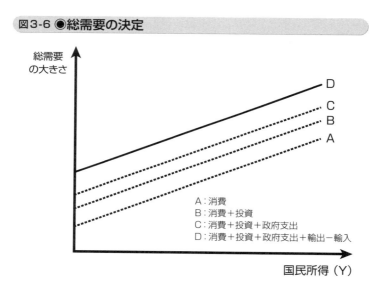

図3-6 ●総需要の決定

国民所得が増えたとき、消費や投資が増え、需要も上がっていくため、総需要は図3-6の右肩上がりの線になります（傾きは、さきほど説明した消費性向の大きさです）。

ここで「国民所得の決定」という最初の経由地がようやく近づいてきました。この節の冒頭で述べたことを思い出してください。政府は、「現状の国民所得＝均衡国民所得」をできるだけ完全雇用国民所得に近づけようとします。これまで使ってきた人体の例で言えば、**均衡国民所得は「現在の体温」、完全雇用国民所得は「平熱」**と言うことができま

経済の体調管理①——財政政策、国民所得の決定　第3章

す。

　では、「均衡国民所得＝現在の体温」はどうすれば測れるのでしょうか。実は、この総需要の線に、もう1本の線を足すことで、それが明らかになるのです。

▌4.6　45度線分析と政府による総需要の調整

　そのもう1本の線を知るために、まずは**「総供給＝国民所得」**という関係を、最初に学んでいきましょう。ただ言葉だけを見ると、難しく感じる人もいるかもしれませんね。ですので、ここはお弁当屋さんの例で、再び説明してみましょう。

　あるお弁当屋さんの売上が、1年で総額5,000万円だったとします。一方、お弁当の材料の仕入には2,000万円かかっています。このとき、このお弁当屋さんが生み出した付加価値（＝供給）は3,000万円になりますね。

　では、この3,000万円はどこにいくのでしょう。まず、この3,000万円の中から自分の所得、そして従業員の給料、店舗の家賃などが出ていきますね（ここでは、例を簡単にするために、設備の価値の低下や政府への税金の支払いなどはゼロとしておきます）。このとき、自分の所得はもちろん「所得」ですし、従業員の給料はその従業員の「所得」となりますし、家主に支払った店舗の家賃も、その家主の「所得」になると言えるでしょう。

　このように、**新たに生産された付加価値は、社会の誰かの所得になる、と言うことができます。**したがって、**個人の視点で見ると「生産＝所得」と考えることができる**のです。これを、**社会全体のレベルで俯瞰してみれば、「総供給＝国民所得」と言うことができる**でしょう。

　次に、この関係を、縦軸に総供給、横軸に国民所得をとったグラフであらわすと、次ページの図3-7のような傾き45度の線（縦軸が1のとき

125

は、横軸も1といったように、常に横軸と縦軸の値が一致している線）になります。

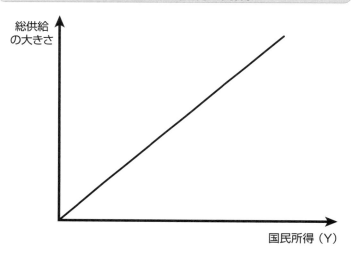

図3-7 ●45度線（総供給と国民所得の関係）

総供給の大きさ

国民所得（Y）

ここで横軸に注目してください。さきほどの総需要の線（図3-6のD）も、総供給をあらわす45度線も横軸は「国民所得（Y）」になっています。

そこで、この2つの線を1つのグラフにのっけてみます。すると、図3-8のように、2つの線が交わるところがありますね。**この交点こそが、現在の体温である均衡国民所得 Y* の大きさをあらわしているのです。**

図3-8 ●均衡国民所得の決定

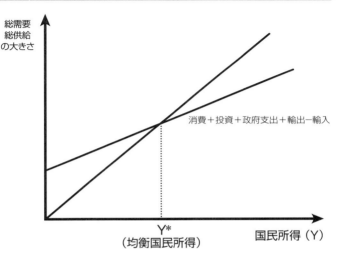

　こうして**現在の体温を測ることができれば、体温が平熱よりも高いのか、低いのかがわかります。それによって、政府は行うべき政策を判断することができるようになります。**

　いま仮に、平熱、つまり完全雇用国民所得がY_{F1}だった場合と、Y_{F2}だった場合について考えてみます（次ページの図3-9）。それぞれの場合について、政府は総需要をどのようにコントロールすれば、現在の体温を平熱に近づけることができるのでしょうか。

　まず、Y^*は完全雇用国民所得Y_{F1}と比較すると過少です。そこでこうした場合は、129ページの図3-10上側のように総需要を増加させる（総需要線を上方にシフトさせる）政策が必要になります。一方、完全雇用国民所得Y_{F2}と比較すると過大になっていますので、図3-10下側のようになんらかの生産調整、もしくは総需要を減少させる（総需要線を下方にシフトさせる）政策が必要になります。

図3-9 ●完全雇用国民所得と均衡国民所得

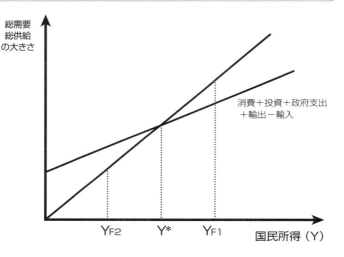

　ここで政府が消費や投資を直接増加させたり、減少させたりすることができれば、総需要線を完全雇用国民所得のところまで動かすのは簡単でしょう。しかし、現実には消費や投資といった民間経済が主体となって変化する要素を政府が自分でコントロールすることは、なかなか難しいと考えられます（資源配分を市場のメカニズムに任せていない国であれば可能かもしれません）。

　では、総需要線を動かすために、政府ができることはどのようなことでしょうか。すぐに思いつくのは**「政府支出」**の増減ですね。政府支出を増加すれば総需要線は上がりますし、政府支出を減少させれば総需要線は下がります。

　しかし、もうひとつだけ、政府が総需要線を動かす方法があります。実は本章で学んできたところで、少しだけ出てきています。皆さん、なにかわかるでしょうか。

経済の体調管理①――財政政策、国民所得の決定　第3章

図3-10 ●財政政策による総需要のコントロール

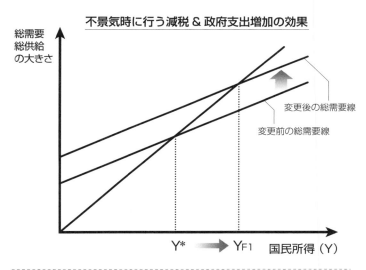

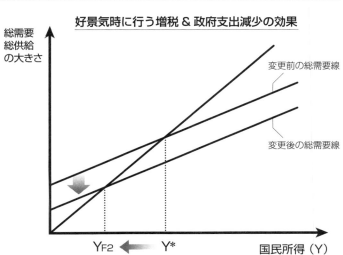

答えは、**「税」の増減**です。政府は減税することで、家計や企業の可処分所得を増やし、間接的に消費や投資を増やすことができます。あるいは、増税することで、家計や企業の可処分所得を減らし、消費や投資を抑えることができます。つまり、**財政政策とは、政府が「政府支出」と「税金」を増減することで総需要をコントロールするという政策、と**いうことです。

政府は失敗することもある

　ここまで、政府が総需要をどのようにコントロールするかという財政政策について、マクロ経済学の基本的な考え方を確認してきました。

　最後にひとつだけ注意点を述べておきたいと思います。ここで想定される政府は、万能で、失敗はしないという前提の上に成り立っている政府です。しかし、現実には、政府は失敗することもあります。

　たとえば、本章で解説した政府による財政政策も決して万能ではありません。財政政策を「経済を安定化させる薬」と考えれば、それがよく効くときもあれば、あまり効かないときもあるのです。

　財政政策の「効き目＝効果」を見極める際には、**「乗数効果」**がポイントになります。**乗数効果とは、政府支出などの需要を増加させたときに、その波及効果（影響）はどのぐらいか、という指標のことです。**

　たとえば、政府が100億円の公共投資を行うとします。その100億円は、その仕事を受注した建設会社やその下請けの関連会社などの売上につながります。企業はその売上から従業員に賃金を支払い、従業員はその賃金の一部を消費に回します。

　すると、その消費はまたどこかの企業の売上になり、その企業の従業員の所得となり、その一部が消費に回されます。このように、社会における需要は雪だるま式に増えていきます。これを繰り返すことで、最初に政府が投資した100億円を大きく上回る需要が生まれます。

　ここで重要になるのが、116ページでも説明した「消費性向」です。人々が将来に不安を持っていて、消費性向が低いと、せっかく財政政策を行って政府支出を増やしても、所得が消費にあまり回らないので、それほど波及効果（乗数効果）は得られないでしょう。政府が財政政策を行うときには、あらかじめその乗数効果を十分に検討しておく必要があ

ります。

　では、乗数効果が低いにも関わらず、政府が政府支出の増加や減税を続けていったらどうなるでしょうか。国の借金がどんどん増えていってしまいますね。「まさか、政府がそんなバカなことをするわけがない」と思うかもしれませんが、政府がそうした失敗をおかすこともあるのです。

　一般的に、減税や政府支出の増加は国民に喜ばれますが、逆に増税や政府支出の減少は国民に嫌がられます。最終的に政策を決める政治家は選挙によって選ばれていますので、国民に喜ばれるような政策は積極的に進めようとしますが、国民に嫌がられるような政策を進めれば次の選挙で負けてしまうかもしれないので、なかなか「やります」とは言えません。したがって、**減税や公共支出の増加は行うのに、増税や公共支出の減少は行わない、ということになりがちなのです。**

　このような状態が続けば、政府の借金が増加していき、将来世代に大きなツケを残してしまうことになります。また、こうした財政赤字の累積は、政府の財政政策自体をも制約してしまうかもしれません。

　これは遠いどこかの国ではなく、今まさに日本が直面している問題です。こうした国の借金の話は、第6章で考えていきます。

　そういえば、マクロ経済政策の世界には、もう1人のお医者さんがいましたね。そうです。中央銀行です。次の経由地である「中央銀行の金融政策」に向けて、船をこぎ出しましょう。

　［注］

1　この節では国民所得決定論と呼ばれるモデルの解説をします。それに合わせて「国民所得」という用語を使っていますが、経済活動の水準を便宜的に国民所得と言っているだけなので、国民所得を GDP と読み換え

ても同じ議論ができます。

［参考文献］
・飯田泰之／中里透［2008］『コンパクト マクロ経済学』新世社
・小林慶一郎「データで見た『三本の矢』の的中率」『文藝春秋』2015年12月号、104-118頁、文藝春秋
・ジョセフ・E・スティグリッツ／カール・E・ウォルシュ（藪下史郎他訳）［2014］『スティグリッツ　マクロ経済学〈第4版〉』東洋経済新報社
・浜田宏一［2015］『アメリカは日本経済の復活を知っている』講談社＋α文庫
・家森信善［2011］『基礎からわかるマクロ経済学〈第3版〉』中央経済社

第 **4** 章

経済の体調管理②
—— 金融政策、金利・物価の影響

要 旨

☞中央銀行は、「公定歩合操作」「預金準備率操作」
「公開市場操作」という手段を通じて、市中の貨幣
供給量をコントロールしている。

☞中央銀行が市中に供給したお金のことを「マネタリ
ーベース」と言う。一方、市中全体に流通している
お金の量＝「マネーストック」は、「信用創造」と
いうプロセスを経て増えていく。

☞貨幣の「金利」は、貨幣の需要と供給のバランスで
決まる。また貨幣需要には、「貨幣の取引需要」と
「貨幣の資産需要」という2つの需要がある。

☞ 「IS-LM モデル」は、「所得」と「金利」がお互い
にどのような関係にあるかを、財市場と貨幣市場を
つなげて分析するためのものである。

☞ 「IS-LM モデル」によって、現時点での経済の「体
温」や、政府の財政政策や中央銀行の金融政策がそ
の体温をどう変化させたかを知ることができる。

☞ 「物価」の安定化も重要。その点、中央銀行の金融
政策は物価の動向にも大きな影響を与える。

☞財政政策や金融政策は必ずしも万能ではなく、副作
用もある。

1 貨幣市場と中央銀行の金融政策

　マクロ経済政策の世界の旅が、少しずつ進んできましたね。前章では、政府の財政政策を理解するための「レンズ」を手に入れることができたと思います。

　さて、皆さんが乗った船が新たな陸地にたどり着いたようです。次に目指していたのは、**「中央銀行の金融政策」**という経由地でしたね。船から降りると、目の前には「貨幣」の森が広がっています。ここを通り抜けなければ、目的地にはたどり着けないようです。ここではまず、私たちにとって身近な**貨幣**について、経済学の視点で見ていくこととしましょう。

▌ 1.1　貨幣の３つの役割

　貨幣とは、言うまでもなく「お金」のことです。皆さんの財布の中には、日本銀行（日本の中央銀行）が発行した日本銀行券（千円札、二千円札、五千円札、一万円札）や財務省が発行した硬貨（一円玉、五円玉、十円玉、五十円玉、百円玉、五百円玉）が入っていると思います。

　それでは、貨幣にはどのような役割があるのでしょうか。

　大きく分けると、①**交換**、②**価値尺度**、③**価値保蔵**の３つの役割が貨幣にはあります。

　「交換」とはもちろん、財やサービスと皆さんが持っている貨幣とを交換することです。

　次に**「価値尺度」**とは、財やサービスの価値を客観的に測ることです。モノを交換するための「ものさし」と考えてもいいかもしれません。

経済の体調管理②──金融政策、金利・物価の影響　第4章

最後に**「価値保蔵」**とは、価値を蓄えることで、自分の好きなときにその価値を使うことを可能にします（ただし、インフレが起きたり、デフレが起きたりする場合は、その価値自体が変わる可能性もあるので注意が必要です）。

1.2　「貨幣経済」の成り立ち

ここまで読んで、「貨幣の3つの役割はわかったけど、改めて説明するほどのことなの？」と思った人もいるでしょう。確かに、今の私たちにとって貨幣は当たり前に存在するものなので、その大切さを実感するのは難しいかもしれません。でも、貨幣が存在しなかった時代のことを知ると、この3つの役割の重要性が理解できると思います。

昔の人々は自給自足で生活をしていました。しかし、身の周りのありとあらゆる必要物を自分の力だけで用意するのには、大変な労力が必要です。そこで人々は、自分が得意なものの生産に特化し、それぞれの生産物を交換し合う、という生活に移行し始めました。これが「分業」です。そこで人々は、自分が生産したものを、自分が欲しいと思うものに交換して生活するようになっていきました。

しかし、自分が生産したものが欲しい人で、なおかつ自分が消費したいものを持っている人を探すのはなかなか大変です。そこで、人々は「市場」という場を作ることで、それぞれが交換相手を効率よく探せるようにしようとしました。ここで経済は「物々交換の経済」に移行しました。

ただ、市場ができて以前より効率がよくなったとはいえ、適切な交換相手を見つけるのはまだ難しいままでした。たとえば、ニンジンを生産している人が魚と交換したいと思ったら、「魚を生産していて、なおかつニンジンと交換したいと思っている人」を探さなければいけないのです。市場に行ってもお目当ての交換相手はそう簡単には見つかりませ

137

ん。

　そこで、人々は「それはニンジン３本分、魚２匹分……」と交換の条件を決めました。ところが、これだと市場の商品が増えていくうちに交換の条件が覚えきれないくらい複雑になってしまい、肝心の交換をするのにとても手間暇がかかってしまう、という問題が起きました。

　このとき、誰もがこう思っていました。**「なにか、交換するための〈ものさし〉があれば、もっと楽なのに……」**。

　さらに、もうひとつ困ったことがありました。それは、野菜や魚といった食べ物は腐ってしまうということです。たとえばあるとき、とても天候が悪くて魚が獲れない時期がありました。このとき、野菜を持っていた人は、後で魚が獲れたら交換しようと思っていました。しかし、数日が経って魚が獲れるようになった頃には、持っていた野菜が腐ってしまい、交換できなくなってしまいました。

　このとき、野菜を持っていた人が嘆きました。**「腐らせずに、野菜の持つ価値だけを保蔵しておけるものがあれば、いつでも、自分の欲しいものと交換できるのに……」**。

　そんなある日、誰かがきれいな貝殻を見て、こう思いました。「野菜や魚の価値を貝殻の数で決めておいて、このきれいな貝殻とそれぞれの商品を交換すれば、交換がもっと楽にできそうだ。しかも、これなら持っているものが腐る心配もしなくて済むだろう」。

　こうして人々は、「貨幣」というものを生み出しました。これ以降、人々は貝殻、金・銀・銅などの鉱物、そして紙幣など、さまざまな媒体を貨幣として、モノの交換を広げていきました。これが「貨幣経済」の始まりです。

1.3　「信用創造」の仕組み

　では、現代ではどのようなものが貨幣として流通しているのでしょう

経済の体調管理②——金融政策、金利・物価の影響　第4章

か。

　もちろん、本章の冒頭で説明した日本銀行券（紙幣）や硬貨は貨幣です。これを**「現金通貨」**と言います。

　また現代では、**「預金通貨」**という貨幣もあります。これは文字通り、銀行などの金融機関が持っている預金のことです。皆さんのお財布に入っている現金通貨は、銀行口座に預けると預金通貨に姿を変えます。逆に、銀行口座から預金通貨を引き出すと、現金通貨に変わります。

　皆さんの預金通帳には預金通貨の金額は書かれていますが、預金を引き出さない限りは、実際には紙幣に触ったり、持ったりすることはできません。それでも普段、皆さんは「私のお金はなくなっていないだろうか？」などと心配になることはありませんよね。これは、金融機関が「預かった皆さんのお金は必ずお返ししますよ」という約束をし、皆さんがそれを信用しているからです。**金融機関にとって、最も重要なのはこの「信用」です。**信用の話は、この後も出てきますので、頭の片隅に置いておいてください。

　さて、預金にもいろいろな種類があります。預金通貨に含まれるのは、普通預金、当座預金といった「金融機関に頼めばすぐに払い戻してもらえるもの（要求払預金）」だけです。解約しない限りは一定期間払い戻しができない定期預金などはこれには含まれず、「準備貨」というものに分類されます。また、現金通貨、預金通貨、準備貨の他に、「譲渡性預金（他人への譲渡が可能な定期預金）」と呼ばれるものもあります。

　日本銀行は毎月、こうした貨幣の種類や対象となる金融機関ごとに、世の中にどれだけの貨幣が出回っているか（**「マネーストック〈通貨供給量〉」**と言います）を計算・公表しています。そのうち代表的な指標は**「Ｍ３」**と呼ばれるもので、「Ｍ３＝現金通貨＋預金通貨＋準備貨＋譲渡性預金」で算出します。

　では、最新のＭ３はどのくらいなのかというと、その額は約1,240兆円[1]

139

にも上ります。また、内訳を見ると、現金通貨は約91兆円、預金通貨は約541兆円、準通貨は約569兆円、譲渡性預金が約39兆円となっています。

ここで「**マネタリーベース**」という言葉を紹介します。さきほどもお話ししたように、皆さんのお財布の中に入っているお札（日本銀行券）は、日本銀行が発行しています。また民間の銀行は、日本銀行に預金口座（「日銀当座預金」と言います）を持っていて、日本銀行は、社会の貨幣の量を調整するために、その預金口座にお金を出し入れしています。マネタリーベースとは、このような市場に出回っている現金通貨と、民間銀行が日本銀行に持つ日銀当座預金に預けている預金を足したものです。

では、日本の最新のマネタリーベースがいくらかというと、約356兆円[2]となっています。この数字を見て、ひとつ不思議なことに気づきませんか。日銀が供給した貨幣の合計であるマネタリーベースが約356兆円であるのに対し、世の中に流通している貨幣の合計であるＭ３が約1,240兆円もありますよね。なぜ、日銀が供給した貨幣の約3.5倍もの貨幣が流通しているのでしょうか。

実は、**銀行などの金融機関が預金と貸し出しを連鎖的に繰り返していく過程で、「預金通貨」はどんどん増えていきます。**

そして、このマネタリーベースを基に市中に出回るお金が増えていくメカニズムこそが「**信用創造**」と呼ばれるものなのです。しかし、そう言われても、「？？？」という人がほとんどだと思います。図4-1を見ながら、マジックの種明かしをしていきましょう。

先述したように、民間の銀行は日本銀行に預金口座（日銀当座預金）を持っています。今、日本銀行がＡ銀行の持っていた債券を買い入れて、1,000万円をＡ銀行の預金口座に入れたとします（つまり、今、新たに増加したマネタリーベースは、日本銀行がＡ銀行の預金口座に入れた1,000万円ということになります）。

140

経済の体調管理②——金融政策、金利・物価の影響　第4章

　次に、A銀行はこの1,000万円を誰かに貸し付けようとします。ただ、1,000万円すべてを貸し付けることはできません。預金から現金を引き出そうとするお客さんに備えて、民間の金融機関は受け入れている預金の一定比率以上を日本銀行に預け入れておくことが法律で義務づけられています。この比率のことを**「預金準備率」**と言います。

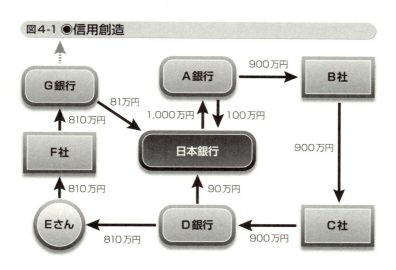

図4-1 ●信用創造

　たとえば、このとき預金準備率が10%だとすると、A銀行は1,000万円のうち100万円を準備金として日本銀行の預金口座に残し、残りの900万円を貸し出すことができるようになります。

　さてそんな中、レストランの改装を予定しているB社という会社があり、改装費用にちょうど900万円が必要でした。そこでA銀行はB社に900万円を貸し出すことになりました（本来であれば、ここでそれぞれ手数料や利子を取るのですが、今回は手数料や利子は発生しないと考えてください）。

A銀行の貸し出しのおかげで、B社はC社にレストランの改装を注文することができました。結果、B社のレストランは、とてもステキなお店となり、C社は代金として900万円を受け取ります。そしてC社は、その900万円を自社のメインバンクであるD銀行に預けました。

　この時点で、D銀行に新たに900万円の「預金通貨」が生まれたことになります。一方、日本銀行が最初にA銀行の預金口座に入れた1,000万円は、その後どこに貸し出されたにせよ、1,000万円の預金通貨のままですよね。したがって、この図4-1の中の預金通貨の合計は1,000万円＋900万円＝1,900万円と、約2倍に増えたわけです。

　続きを見てみましょう。D銀行は、やはり預金準備率（10％）分の90万円を準備金として日本銀行の口座に残し、残りの810万円を貸し出すことができます。そこで、駅前でパン屋さんを開業しようとしていたEさんに810万円を融資することにしました。そして、EさんはF社に810万円を支払い、パン屋さんを開業しました。F社は、メインバンクであるG銀行に810万円を預金します。この時点で、預金通貨の合計は1,000万円＋900万円＋810万円＝2,710万円と、さらに増えます。

　これを続けていくと、今後も729万円、656万1,000円……と新たな預金を生み出していきます。このとき、最初の1,000万円と新たに生み出された預金を延々と足し合わせていくと、細かい計算は省いてしまいますが1億円になります。これは、当初日銀が預けた（供給した）1,000万円を預金準備率（10％＝0.1）で割った数に等しくなります。したがって、もし預金準備率が5％であれば、1,000万円÷0.05＝2億円となります。

　預金や融資は、信用関係があるからこそ、成り立つものです。皆さんは銀行にお金を預けても「お金を返してくれる」という信用があるからこそ、預金をすると思います。銀行も企業が「お金を返してくれる」と信用するからこそ、融資を行います。**この「信用」がこうした目に見えない大量の貨幣を作り出していく、すなわち、「信用創造」が行われて**

経済の体調管理②——金融政策、金利・物価の影響　第4章

いるのです。

　そして、信用創造を経て、市中全体に流通しているお金の量、すなわちマネーストックは増えていきます。

▌ 1.4　貨幣需要と貨幣供給

　さて、ここまで「貨幣の森」を歩き続けてきましたが、ようやく森の出口が見えてきました。ここまで歩いてくれば、貨幣とはどのようなものなのか、理解できたのではないかと思います。

　おや、森の出口の先に「貨幣市場」が見えてきました。ここから先は貨幣市場について考えてみましょう。この市場では、貨幣の需要と供給が絶えず存在しています。

　まず、貨幣需要の方から見ていきましょう。貨幣需要には、「貨幣の取引需要」と「貨幣の資産需要」という2つの需要があります。

「貨幣の取引需要」とは、取引を行うために貨幣を使うことです。取引量が増えれば、貨幣の取引需要も増加していきます。たとえばGDP（国内総生産）や国民所得などが上昇し、経済規模そのものが大きくなれば、取引量も増加し、貨幣の取引需要も増加するでしょう。

　次に**「貨幣の資産需要」とは、貨幣を資産として保有すること**を意味します。さきほど、貨幣には3つの役割があるというお話をしました。貨幣には価値を保蔵する役割があります。お金を使わず保有しておくことで、自分の財産（資産）として貯めておくことができます。

　しかし、国債の金利などが高ければ、そのお金で国債を買った方が、その資産運用による利子もつくので、資産を増やすことができます。すぐに使えなくて不便でも、最終的に高い金利がつくのであれば、国債を買うことを選択するでしょう。つまり、**貨幣の資産需要量は、金利と関係し、金利が高いほど、貨幣の資産需要は減少していく**と考えられます。

143

一方、貨幣の供給量（世の中に出回っているお金の量）については、中央銀行がコントロールしています。では、中央銀行は、どのように貨幣供給量をコントロールしているのでしょうか。その方法には、①**公定歩合操作**、②**預金準備率操作**、③**公開市場操作**の３つの方法があります。これこそが「金融政策」です。

「**公定歩合操作**」は、中央銀行が民間銀行にお金を貸し出すときの利子率（公定歩合）を操作する政策です。

たとえば、公定歩合が上がれば、民間銀行は中央銀行からより高い金利でお金を借りなくてはいけなくなるので、企業や個人に貸すときの金利も高くせざるを得ません。企業や個人は金利が高くなればお金を借りる量を減らしますから、市中の貨幣の量が減少します。逆に、公定歩合が下がれば、民間銀行は中央銀行からより低い金利でお金を借りられるようになるので、企業や個人に貸すときの金利も下がり、貸し出しも増え、市中の貨幣の量が増加します。

「**預金準備率操作**」は、さきほどの信用創造のところでも出てきましたが、民間銀行が融資を行う際に、準備金として残しておく必要のある貨幣の比率を操作する政策です。

たとえば、預金準備率が上がれば、民間銀行は、残しておくべき準備金が増加しますので、貸し出せる金額は少なくなり、市中の貨幣の量が減少します。一方、預金準備率が下がれば、民間銀行は、残しておくべき準備金が減少しますので、貸し出せる金額は多くなり、市中の貨幣の量が増加します。

さきほどの信用創造の事例では、預金準備率は10％でしたが、仮に20％だとすると、5,000万円までしか信用が創造されません。一方、５％であれば、２億円まで信用が創造されることになります。

最後に、「**公開市場操作**」です。これは中央銀行自身が市場にある債券（国債、社債等）や手形などを買う「**買いオペレーション**」（＝市場に

お金を払う）を通じて市場の貨幣量を増加させたり、市場に債券（国債、社債等）や手形などを売る**「売りオペレーション」**（＝市場からお金をもらう）を通じて市場の貨幣量を減少させたりする政策です。

1.5　貨幣の需給バランスと金利の関係

理解を深めるために、まず「貨幣の需要・供給と金利の関係」について解説します。モノの値段は需要と供給のバランスで決まりましたね。実は、**貨幣における金利（利子率）も、貨幣の需要と供給のバランスで決まる**のです。図4-2を見ながら確認してみましょう。

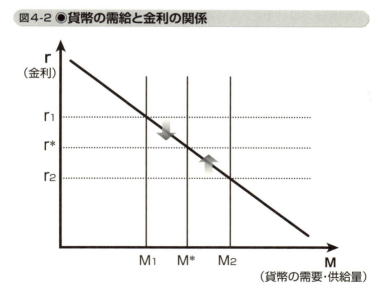

図4-2 ●貨幣の需給と金利の関係

図4-2では縦軸に金利（r）、横軸に貨幣の需要量・供給量（M）をとっています。今、貨幣供給量は中央銀行がコントロールするため、金利に

関わらず M* で一定とします。

　一方、貨幣の需要量（ここでは貨幣の資産需要をあらわしています）は、前述した通り、金利が高くなれば減少（金利が低くなれば増加）しますので、貨幣の需要と金利の関係は図4-2のように右肩下がりの線であらわすことができます。

　ここで金利が r_1 のときは、貨幣需要量 M_1 が貨幣供給量 M* を下回っていますので、金利が低下するような圧力がかかり、金利は r* まで低下します。一方、金利が r_2 のときは、貨幣需要量 M_2 が貨幣供給量 M* を上回っていますので、金利が上昇するような圧力がかかり、金利は r* まで上昇します。

「金利は貨幣の需給バランスで決まる」ということが、これでわかっていただけたかと思います。ちなみに、貨幣の需要量と供給量が一致するときの金利 r* のことを**「均衡金利（利子率）」**と言います。

　次に、図4-3を見てください。図4-2では「貨幣供給量は一定」と仮定していましたが、実際には貨幣供給量は中央銀行のコントロールの下で変動します。では、貨幣供給量を変動させると、金利はどう変化するのでしょうか。

　ここでたとえば、買いオペレーションを通じて、市中にある債券（国債、社債等）や手形を日本銀行が買うことで、貨幣供給量を M_3 まで増加させたとします。すると均衡金利は、r* から r_3 に低下します。一方、売りオペレーションを通じて、市中に債券（国債、社債等）や手形を日本銀行が売ることで、貨幣供給量を M_4 まで減少させれば、均衡金利は、r* から r_4 に上昇します。

　こうした仕組みを基に、貨幣供給量を増加させることで金利を低くして（図4-3上側のグラフ）、さらにそれによって投資を活性化させようという取り組みが、アベノミクス1本目の矢の「大胆な金融政策」で行われていることです。

第4章 経済の体調管理②——金融政策、金利・物価の影響

図4-3 ●貨幣供給量が変動した時の影響

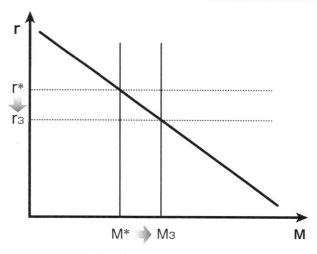

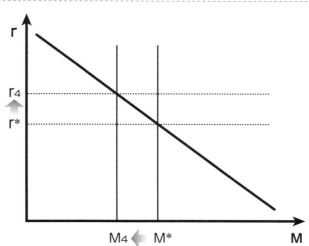

ちなみに、貨幣供給量は国内の問題にとどまらず、外国との為替レートにも影響を与えます。為替レートは、日本円と外貨との貨幣流通量のバランスで決まるため、たとえば他国通貨の貨幣供給量が増加すれば、国際的な為替市場で他国通貨の貨幣の価値は下がり、相対的に日本円の価値が上がって、円高になります。

　これに対応するためには、日本円の貨幣供給量を為替市場で増加させる必要があります。つまり、**円高から円安に誘導するためには、貨幣供給量を増加させることが必要なのです。**またさきほど「アベノミクスの１本目の矢では、金利を低くするために貨幣供給量を増加させる金融政策を行っている」と述べましたが、この１本目の矢には為替レートを円安に誘導する効果もあります。

経済の体調管理②——金融政策、金利・物価の影響 第4章

マクロ経済政策の影響を考える
——IS-LMモデル

　ここまで、金利と貨幣の需要量・供給量がどう関係しているかを見てきましたが、金利の変化は貨幣市場だけでなく、財（モノやサービス）市場にも影響を与えます。

　第3章を思い出してみてください。金利によって投資の大きさが決まっていましたね。投資の大きさが変われば、所得の大きさも変わります。つまり、**貨幣市場と財市場はつながっていて、それぞれの市場の動きがお互いに影響を与え合っているのです**。この相互影響を捉えることができれば、経済の「体温」をより正確に測ることができるはずです。そして、それを可能にするのがこれから説明する**「IS-LMモデル」**なのです。**IS-LMモデルでは、財市場と貨幣市場のそれぞれのゴール、つまり「所得」と「金利」がお互いにどのような関係にあるかを、財市場と貨幣市場をつなげて分析します**。

　このモデルを理解するために、ここではまず、それぞれの市場における所得と金利の関係を見ていきましょう。

2.1　貨幣市場における所得と金利の関係——LM曲線

　まずは本章で確認してきた中央銀行の金融政策について思い出してみてください。金融政策は、貨幣市場で行われており、貨幣市場における需要には、「貨幣の取引需要」と「貨幣の資産需要」の2つがありました。

　貨幣の取引需要は、所得に応じて変化します。たとえば、所得が増加すると、経済活動が活発になり、貨幣の取引需要も増加します。お金を使いやすくするために、お金を手元に残しておこうとするからです。

149

これに対し、**貨幣の資産需要は、金利（利子率）に応じて変化する**のでしたね。金利が高まると、人々は（金利がつく）債券などをより買おうとするので、（金利がつかない）貨幣の資産需要は減少するからです。

　一方、貨幣の供給は、基本的に中央銀行がすべてコントロールできると考えていますので、中央銀行がなにもしない限りは、供給量は基本的に変化しません。

　さて今、貨幣市場における需要と供給が均衡（一致）しているとすると、

貨幣の供給量＝貨幣の取引需要＋貨幣の資産需要

と、あらわせます。ここで、所得が増えたと仮定すると、貨幣の取引需要は増加します。しかし、貨幣の供給は中央銀行がなにもしない限りは変わらないので、人々は自分が持っている債券などを売って、財やサービスを購入するための貨幣を確保し始めます。そうすると債券価格が下落していくので、より高い魅力を債券に持たせることが必要になり、金利は上昇します（貨幣の資産需要は減少します）。

　一方、所得が減少したときは、貨幣の取引需要は減少し、人々は債券などを購入しようとするので、債券価格が上昇します。結果、より低い金利でも債券を買ってもらえるようになるので金利は低下していきます（貨幣の資産需要は増加します）。

　つまり、所得と金利の関係は、次のように整理できます。

所得の増加　⇒　貨幣の取引需要の増加　⇒　金利の上昇　（⇒　貨幣の資産需要の減少）

所得の減少　⇒　貨幣の取引需要の減少　⇒　金利の低下　（⇒　貨幣の資産需要の増加）

つまり、貨幣の需要と供給が均衡しているとき、所得が増加すれば金利が上昇し、所得が減少すれば金利が低くなります。この関係を、縦軸 r（金利）、横軸 Y（国民所得）のグラフであらわすと、図4-4のようになります。

この線を「**LM曲線**」と言います[3]。Lは貨幣需要（＝貨幣の取引需要＋貨幣の資産需要）をあらわしており、流動性（Liquidity）の頭文字をとったものです。一方、Mは貨幣供給をあらわしており、Moneyの頭文字です。つまり、**「貨幣の需要と供給が均衡しているとき」というのは、「L=M」のときということです。**金利や所得が変化したとき、貨幣の需要（L）と供給（M）が一致（L=M）するように自動調整されるので、貨幣市場を通じた所得と金利の関係は、このような右肩上がりの線であらわすことができます。

図4-4 ●LM曲線

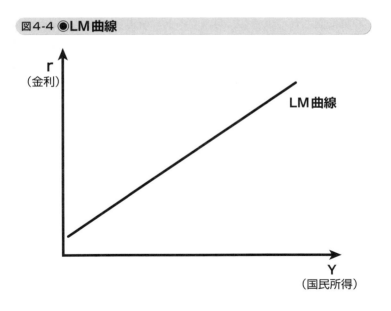

2.2　財市場における所得と金利の関係──IS曲線

　次に財市場について見てみましょう。貨幣市場と同様に、「総需要と総供給が均衡しているときの金利と所得の関係」を見ていきます。

　まず、第3章の総需要の話を思い出してください。総需要は、消費、投資、政府支出、輸出と輸入という要素で構成されていました。ここで、政府支出、輸出と輸入を考えないとすれば、総需要は消費と投資で構成されます。またこれも第3章で説明したことですが、均衡国民所得は、総需要と総供給が一致している点（総需要＝総供給＝国民所得）で決定されます。すると「（国民）所得＝総需要＝消費＋投資」という関係になります。ここで投資について整理すると、「投資＝所得－消費」という式が成り立ちます。

　次に、第3章の経済循環の話を思い出してください。稼いだ所得は消費か貯蓄に回されていましたね。すると「所得＝消費＋貯蓄」という関係になります。ここで貯蓄について整理すると「貯蓄＝所得－消費」という式が成り立ちます。するとどうでしょう。「投資＝所得－消費」「貯蓄＝所得－消費」ですので、財市場において総需要と総供給、所得が均衡するときには、「投資＝貯蓄」となることがわかります。

　次に、投資＝貯蓄のときの金利と所得の関係を考えます。

　まず、金利と投資の関係を思い出してみましょう。第3章の「投資の限界効率性」でお話ししたように、金利が上がれば投資は減り、金利が下がれば投資は増えます。一方、所得が増えれば貯蓄も増え、所得が減少すれば貯蓄も減少します。

　たとえば、金利が低下して投資が増加したとします。投資＝貯蓄となるためには貯蓄も同じだけ増加する必要があり、そのために所得が同じだけ増加します。逆に、金利が上昇して投資が減少したときは、所得と貯蓄が同じように減少します。これらの関係をまとめると次のようになります。

経済の体調管理② ── 金融政策、金利・物価の影響　第4章

金利の低下　⇒　投資の増加　⇒　所得の増加　⇒　貯蓄の増加

金利の上昇　⇒　投資の減少　⇒　所得の減少　⇒　貯蓄の減少

　つまり、投資＝貯蓄のとき（財市場が均衡しているとき）、金利が低下すると所得が増加し、金利が上昇すると所得が減少するのです。この関係をLM曲線と同じ横軸が国民所得Y、縦軸が金利rのグラフであらわすと、図4-5のようになります。

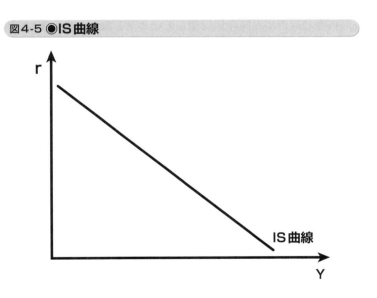

図4-5 ●IS曲線

　この線を「IS曲線」と言います。Iは投資（Investment）、Sは貯蓄（Savings）の英語の頭文字をとったものです。I＝Sとなる点をつなげたIS曲線は、金利と所得が負の相関関係にあることから右肩下がりの

線になります。また、その傾きは、所得のうちどれだけを貯蓄に回すかという貯蓄性向、利子率と投資額の相関関係、すなわち利子弾力性によって変化します。

2.3　財政政策と金融政策の効果

ここで、いよいよ財市場と貨幣市場をつなげてみましょう。

IS曲線もLM曲線も縦軸はr（金利）、横軸はY（国民所得）ですから、同じグラフであらわすことができます（図4-6）。では、2つの線の交点はなにを意味しているのでしょうか。**それは、2つの市場、すなわち貨幣市場と財市場が同時に均衡している状態をあらわしているのです。**また、この交点に対応する所得と金利を「**均衡国民所得（Y*）**」と「**均衡金利（r*）**」と言います。

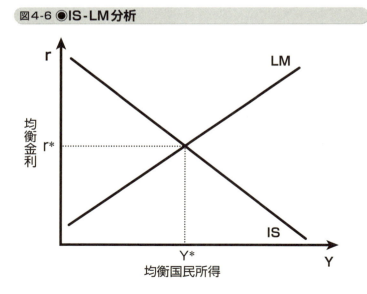

図4-6 ●IS-LM分析

経済の体調管理②——金融政策、金利・物価の影響　第4章

次に、財政政策や金融政策の効果を確認してみましょう。政府の財政政策や中央銀行の金融政策は、所得や金利にどのような影響を与えるのでしょうか。

ここでは景気が悪く、所得を増加させなければならないとします。景気が悪い時期は、政府はたとえば政府支出を増加させる財政政策を行って、国民所得を増加させようとします。政府支出の増加は貯蓄や投資に直接、影響を及ぼすわけではないので、金利に影響は与えません。すると、**所得が増えて、金利はそのままなのでIS曲線は右にシフトします（図4-7）。**

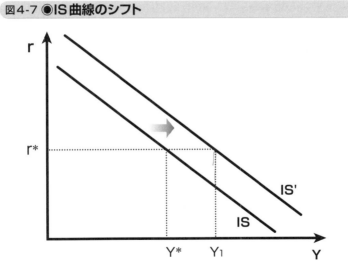

図4-7 ●IS曲線のシフト

一方、貨幣供給量を増加させるような金融政策を中央銀行が行うと、どうなるでしょうか。

本章の1.5で説明したように、貨幣供給量が増加したときに、国民

所得が変わらなければ、経済が活性化するわけではないので貨幣の取引需要も変わりません。そうすると、増加した分の貨幣量は債券の購入に回るようになり、その結果、債券価格が上昇し、金利が低下していきます。この場合、**金利が下がり、所得はそのままなのでLM曲線は下にシフトするように移動します**（図4-8）。

しかし、さきほどお話ししたように、所得の変化や金利の変化は、お互いに影響を及ぼし合いますね。それによって、均衡所得と均衡金利に落ち着いていくような自動調整機能が働きます。

図4-9では、さきほど説明した、それぞれの財政政策の効果、金融政策の効果が、それぞれ金利や所得にどのような変化を与えるのかをまとめています。

図4-8 ●LM曲線のシフト

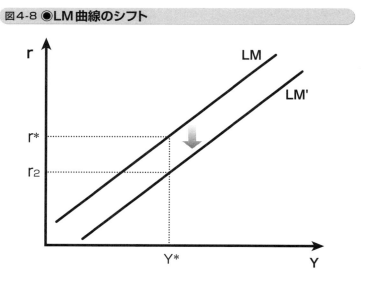

まず、図4-9上側の政府支出を増加させる財政政策を行ったときは、

図4-9 ●IS曲線とLM曲線のシフト

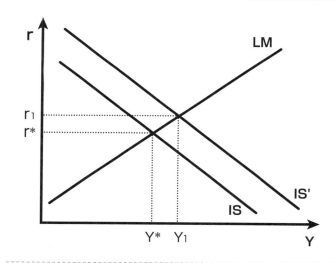

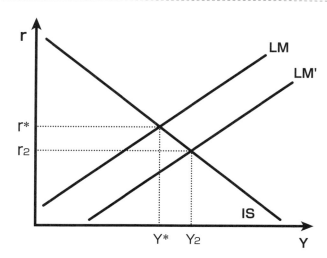

IS 曲線が右にシフトするので、IS-LM バランスを考えると、金利は r_1、所得は Y_1 にそれぞれ上昇します。

　一方、図4-9下側の貨幣供給量を増加させる金融政策を行ったときは、LM 曲線が下にシフトするので、金利は r_2 に減少し、所得は Y_2 に増加します。このようにしてみると、**財政政策と金融政策のいずれを行った場合も所得や金利に影響を与える**ことがわかります。

▌ 2.4　財政政策と金融政策の効き目と副作用 ─────────

　では、財政政策や金融政策という「薬」によって、政府や中央銀行は思い通りに国民の所得を増やしたり減らしたりできるのでしょうか。そうであれば政府や中央銀行が頭を悩ませることはないのですが、残念ながら万能薬ではありません。

　薬の効き目を左右するポイントは、IS 曲線、LM 曲線の傾きです。

　さきほど、IS 曲線の傾きは、貯蓄性向や投資の利子弾力性によって変わると言いました。つまり、**所得が変化したときにどのぐらい貯蓄が変化するのか、金利が変化したときにどのぐらい投資が変化するのかということによって、傾きが変わります。**

　たとえば、投資の利子弾力性が大きいときは、金利の変化は投資に強く反応しますので、金利が少し下がっただけでも、投資は（さらには所得も）大きく増加します。したがって、IS 曲線の傾きは緩やかになり、水平に近くなります（図4-10上側）。一方、投資の利子弾力性が小さいときは、金利の変化は投資にあまり反応しませんので、金利を大きく下げても、投資は（所得も）あまり増加せず、IS 曲線の傾きは急になり、垂直に近くなります（図4-10下側）。

　仮に、IS 曲線が垂直に近い場合は、LM 曲線を下げても所得はほとんど増えません。したがって、所得を増やすために金融政策を行っても、その効果はあまり高くないでしょう。逆に、図4-10上側のように IS 曲

経済の体調管理② ―― 金融政策、金利・物価の影響　第4章

図4-10 ●IS曲線の傾きによる金融政策の効果の違い

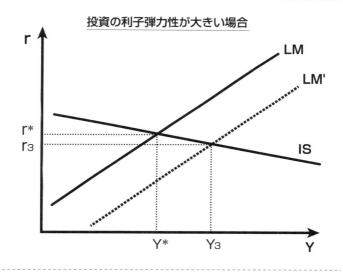

投資の利子弾力性が大きい場合

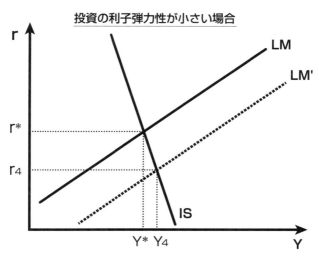

投資の利子弾力性が小さい場合

線が水平に近ければ、金融政策の効果はかなり高いと言えます。

こうした傾きの問題は、LM 曲線でも同じことが言えます。LM 曲線も垂直に近ければ、財政政策の効果はあまり高くなりませんし、LM 曲線が水平に近ければ、財政政策の効果はかなり高くなると言えます。

薬ということで言えば、財政政策や金融政策の副作用についても留意しておかなければいけません。

副作用のひとつは、「**クラウディングアウト**」の問題です。拡張的な財政政策を実施する場合、国債発行を通じて、その財源を確保することがよくあります。国債を発行するということは、金融機関や投資家が国債を購入するということですので、市中から資金を吸収してしまいます。それによって、利子率が高くなり、民間が資金調達しにくくなり、民間の投資を抑制してしまうかもしれません。これをクラウディングアウトと言います。

もうひとつは、為替レートとの関係です。ここまでの IS-LM 分析の議論は、国内経済のことだけを考慮したものです。しかし、実際には海外との輸出入や為替レートも考えなければなりません。このように、為替レートのことも考慮した開放型の IS-LM モデルを、考案者であるロバート・マンデル氏とジョン・マーカス・フレミング氏の名前をつけて、「マンデル＝フレミングモデル」と言います。ここでは、その詳細については説明しませんが、このモデルを想定した場合の問題だけ指摘しておきます。

今、IS 曲線を右にシフトさせるような拡張的な財政政策を行うと、金利は上昇します。しかし、他国の金利と比較すると、日本の金利が高くなるため、投資家たちは日本円を買うようになり、それによって円高になります。円高になれば、輸出による需要は減少し、輸入による需要は増加するため、総需要を減少させる効果を与え、拡張的な財政政策の効果を打ち消してしまう恐れが生じます。

経済の体調管理②——金融政策、金利・物価の影響　第4章

　こうした現象は、現実に、レーガン政権時の米国で起きました。当時、大規模な減税による拡張的な財政政策を行ったことで、財政赤字が膨らみ、金利を押し上げ、ドル高を招きました。また、日本も景気対策として公共事業を拡大させましたが、その分、輸出産業にマイナスの効果を及ぼしてしまったとも考えられます。

　一方、拡張的な金融政策を行った場合は、相対的に日本の金利は低くなります。そうすると、投資家たちは日本円以外の通貨を買うようになり、円安になります。結果として、輸出による需要が増加し、輸入による需要は減少するため、総需要を増加させます。このように海外との貿易も想定した開放型のモデルで考えると、**拡張的な金融政策は、円安を誘導し、輸出の増加によって総需要を拡大する効果を持つ**と考えられます。

　これが、アベノミクスの1本目の矢「大胆な金融政策」における異次元の金融緩和の理由です。

　内容は少し難しかったと思いますが、こうしたモデルを知ることで、政府が潜在GDPと実際のGDPのズレを短期的に修正するためには、どのようなマクロ経済政策が必要なのかを考えるための「メガネ」を手に入れることができたと思います。

　アベノミクスの1本目の矢である「大胆な金融政策」と2本目の矢である「機動的な財政政策」には、ここまで見てきた理論が背景にあることもわかってきたでしょう。特に、海外との貿易も考慮した開放型のモデルで考えると、金融政策を通じて、金利を下げて、需要を回復していくことが重要になります。

　また、今の日本銀行は「異次元の金融緩和」を行うために、市中の国債を大量に引き受けて、貨幣供給量を増加させています。その結果として、円安が進みました。株や不動産価格は上がり、一定の資産効果（株や不動産といった資産の価値が上がったことを理由に消費や投資が増えるこ

161

と）はあったように考えられます。

　一方で、公債の累増（債務残高）がGDP比で200％を超えるなど、日本には財政制約が大きく課せられています。今、日本はこのようなギリギリの状況であることも知っておく必要があります。

　アベノミクスでは、「デフレ経済の脱却」も目指しています。ここからはマクロ経済政策の世界の旅をもう少し続けて、「物価」のことを考えるための「レンズ」も手に入れてみましょう。

経済の体調管理②——金融政策、金利・物価の影響　第4章

物価の決まり方

3.1　インフレとデフレ

　経済の体温は人体の体温と同じく、高すぎても、低すぎてもよくないので、「平熱」を維持するように体調管理をしていくことが重要です。これまでは、潜在GDPと実際のGDP、完全雇用国民所得と均衡国民所得の関係などから、経済の安定化を考えてきました。しかし、第3章で触れたように、経済の「平熱」を維持する体調管理のために欠かせない要素がもうひとつあります。それが**「物価」**です。

　マクロ経済政策の世界の旅は、ついに「物価」という経由地にまでやってきました。ここでの主題は「インフレーション（インフレ）」と「デフレーション（デフレ）」です。日本では、長い間デフレ経済の状況が続いてきました。アベノミクスも「デフレ経済からの脱却」を掲げています。

　そもそも、なぜモノの値段が安くなり続けるデフレはよくないのでしょうか。まず、モノの値段が安くなると、その分、企業の収益が減少します。すると、企業で働く人々の賃金も減少していきます。ここで、住宅ローンなどの借金を抱えていれば、ますます生活が苦しくなってしまいます。そうすると、消費活動は停滞し、景気も悪くなってしまいます。だから、デフレ経済から脱却する必要があるのです。

　それでは、インフレはよいのでしょうか。もちろんそんなことはありません。過剰なインフレも国民生活を苦しくさせてしまいます。戦後の混乱期のように、モノの値段が急に上がってしまう（ハイパーインフレーションと言います）と、人々はモノを買えなくなってしまうのです。もともとコインで買えたスープが、翌日にはお札で、さらにその後はそ

の枚数が日に日に増えていくようなことになったら、スープを飲むことすらできなくなります。

　ですから、**物価も適度な「体温」を維持できるように、つまり上がりすぎも下がりすぎもしないようにコントロールしていく必要があります。**

　このとき、政府や中央銀行が設定する物価の「目標」を**インフレターゲット**（物価上昇率目標）と言います。中央銀行は、実際のインフレ率（物価上昇率）がこのインフレターゲットよりも下回る場合には、インフレ率を引き上げるように、上回る場合には、インフレ率を引き下げるように、金融政策を行います。

　ここ20年、日本経済はデフレが続いており、身体で言えば冷え切ってしまっている状態です。そこでアベノミクスでは、デフレ脱却を目指して、２％のインフレ率をインフレターゲットとして設定しています。

▌3.2　貨幣現象としての物価

「物価」と「貨幣」の関係についても、考えてみましょう。100円で買えるハンバーガーと200円を支払わなければならないハンバーガーのことを「貨幣」という視点から考えてみてください。同じハンバーガーなのに、値段が変わっているのは、貨幣の価値が変わっているからです。

　値段が安くなっているのは、貨幣の価値が高くなっているからであり、値段が高くなるのは、貨幣の価値が低くなっているからで、このように考えれば、物価は貨幣現象であるとも言えます。

　デフレから脱却する（物価を上げる）ためには貨幣の価値を低くすればよいと考えれば、市中の貨幣供給量を増加させることがひとつの有効な手段となるでしょう。逆に、インフレを抑制するときには、市中の貨幣供給量を減少させることが必要になるかもしれません。いずれにせよ、貨幣供給量を調整する中央銀行の金融政策は、物価に大きな影響を

及ぼします。

また貨幣供給量は、さきほども述べたように、円の価値にも影響を与えます。他国の通貨に比べて、貨幣供給量が多ければ、円の価値は低くなり、円安になるでしょう。一方、他国の通貨に比べて、貨幣供給量が少なければ、円の価値は高くなり、円高になると考えられます。

このように考えると、**アベノミクスの1本目の矢である金融政策（貨幣供給量を増やすこと）は、「デフレ対策」と「円高対策」という2つの側面を持っている**と言うことができます。

では、現実の物価はどのように推移しているのでしょうか。ここで2010年1月から2015年9月までの物価水準について確認してみましょう。物価上昇率を測る「ものさし」としては、**「CPI（消費者物価指数）」**があります。

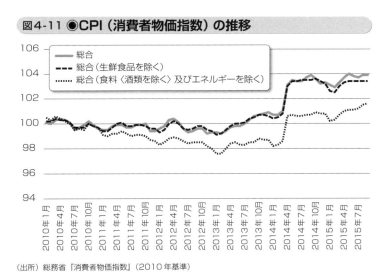

図4-11 ●CPI（消費者物価指数）の推移

（出所）総務省『消費者物価指数』（2010年基準）

図4-11はその CPI の「総合指数」「コア CPI（生鮮食品を除く消費者物価指数の総合指数）」「コアコア CPI（食料〈酒類を除く〉及びエネルギーを除く消費者物価指数の総合指数）」を時系列でまとめたものです。

　コア CPI は、天候などの要因に大きく影響を受けやすい「生鮮食品」を総合指数から除くことで、物価動向の要因を把握しやすくしています。またコアコア CPI は、諸外国で重視されている指標と同様のものにするために、「食料〈酒類を除く〉及びエネルギー」を総合指数から除いたものです。

　図4-11を見ると、確かに2013年以降、物価水準が上昇していることがわかります。特に、2014年４月以降、急激に物価が上昇していますね。これは消費増税（５％→８％）の影響であると考えられます。

経済の体調管理②――金融政策、金利・物価の影響　第4章

物価変動と財政・金融政策

4.1 物価を考慮したときの総需要と総供給の変化

　ここから物価変動を考慮したときに、財政政策や金融政策は、どのような効果を持つのかを確認していくことにします。

　皆さんがハンバーガーを食べに行くときをイメージしてみてください。同じハンバーガーが100円で買える場合と、200円支払わなければ買えない場合を比べると、200円の方が物価は高いということになりますね。

　今、1,000円を持っていてハンバーガーを5個買うとします。その価格が100円のときは500円で5個買えるので、余ったお金で他に買い物をすることができますが、200円のときは5個買うと1,000円になってしまうので、他に買い物をすることができません。このように、物価が異なると、実質的に使えるお金の量（所得）も異なります。

　ここで、貨幣供給量（M）を物価（P）で割り、**「実質貨幣供給量（M／P）」**（物価を考慮した貨幣供給量の意味です）を考えることにします。貨幣供給量（M）を一定と考えれば、物価（P）が下がったとき、実質貨幣供給量（M／P）は増加します。これは物価が下がったことによって、実質的に使えるお金が増えたということです。

　ここで、IS-LMモデルを思い出してください。貨幣供給量が増加した場合に、LM曲線は下にシフトします。つまり、均衡金利が下がり、均衡所得が増加します。物価の変動により、実質貨幣供給量（M／P）が増加すると、これと同じ現象が起きます。つまり、物価が下がると、実質所得（物価を考慮した所得）が増加します。これをフローチャートで、次のようにあらわせます。

167

**物価の低下　⇒　実質貨幣供給量の増加　⇒　金利減少　⇒　実質所
得増加**

　ここまで見てきた動きは、財・サービスを買う側、つまり「需要」側
の動きです。これを縦軸がP（Price＝物価）、横軸がY（国民所得）のグ
ラフであらわすと、図4-12の「AD」曲線となります。このAD曲線を
経済全体の需要曲線を集めた**「総需要曲線」**と言います。ちなみに、
ADはAll Demand（総需要）の頭文字です。

　次に財・サービスを生産し、提供する側、つまり「供給側」からの視
点で考えてみます。

　物価の上昇は実質賃金（物価を考慮した賃金）を低下させます。今ま
で、毎月20万円の賃金をもらっていて、生活費として10万円使っていた
とします。物価の上昇は生活費を引き上げますので、同じ生活水準を保
つためには、毎月10万円以上かかることになります。**これは、物価の上
昇によって実質的に賃金が下がったことを意味します。**

　もちろん、物価の上昇に合わせて賃金も上昇してくれればいいのです
が、実際には賃金は雇用契約等であらかじめ決められており、固定的
で、経済の状況に合わせてすぐに変更することは難しいものです。実
際、近年の日本経済も物価は上昇傾向にありますが、実質賃金は低下傾
向にあります。

　ここで企業の立場で考えてみましょう。物価が高くなることで、自社
の生産物の価格は高まりますが、賃金は上昇していないため、より多く
の利益を得ることができます。そうすると、その分の利益を使って企業
は生産規模を拡大することを考えるでしょう。

　生産規模の拡大は、雇用の増加につながりますので、その結果、国民
全体の所得が増加します。つまり物価が上がると、全体の実質所得が増

加するという関係になります。これをフローチャートで、次のようにあらわせます。

物価の上昇 ⇒ 企業利益の増加 ⇒ 雇用の増加 ⇒ 実質所得の増加

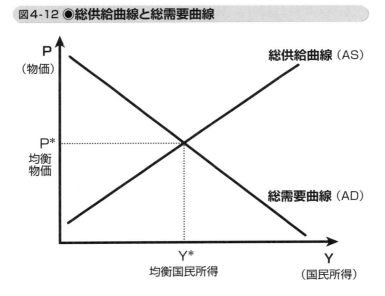

図4-12 ●総供給曲線と総需要曲線

これを AD 曲線と同じグラフ上であらわすと、図4-12の「AS」曲線となります。この AS 曲線を経済全体の供給曲線を集めた**「総供給曲線」**と言います。ちなみに、AS は All Supply（総供給）の頭文字です。

実際、アベノミクス以降の日本経済の状況を見てみると、さきほども述べたように物価が上がっている一方で、「失業率」が減少し、GDP 統計の「雇用者報酬」も増加しています。

ここで改めて図4-12を見ると、総需要曲線（AD）と総供給曲線（AS）が交差していますね。この交点である P^* と Y^* が、それぞれ均衡物価と均衡国民所得となります。

4.2　物価変動を考慮した場合の財政政策と金融政策の効果 ──

さて、物価変動を考慮した場合の財政政策と金融政策の効果について考えてみましょう。

まず、均衡国民所得 Y^* を完全雇用国民所得 Y_F（理想の状態）に近づけるために、金融政策や財政政策を通じて、総需要曲線（AD）を右にシフトさせることを考えます。すると物価はどうなるでしょうか。図4-13のように、均衡物価は P_1 まで上昇しますね。つまり、**財政政策や金融政策を通じて所得を増加（景気を拡張）させようとすると、物価の上昇も同時に生じる**ということです。

次に、総供給曲線（AS）がシフトすることで、均衡国民所得 Y^* が変化するような状況について、172ページの図4-14を見ながら考えてみましょう。

まず、生産性が向上するなど、供給側によい出来事（ポジティブ・ショック）が生じたケースです。このとき、供給能力は高まりますので、総供給曲線は右方向にシフトします。その結果として、物価は P_2 に下がり、所得は Y_2 に増加します。

つまり、生産性を向上させるなどの成長戦略は、物価、所得に対してともによい影響を与えるということです。

図4-13 ●AD曲線のシフト

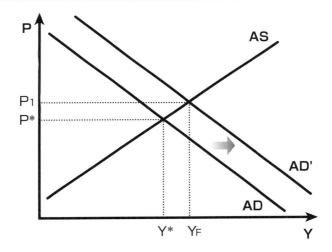

　一方、経済危機、天災、戦争など生産能力を縮小させるような出来事（ネガティブ・ショック）が起きたときのことを考えてみましょう。このとき、総供給曲線は左方向にシフトし、物価はP_3に上がり、所得はY_3に減少します。継続的に物価が上昇しながら、経済が減退していくこの状況を**「スタグフレーション」**と呼びますが、こうした状況から脱するためには、なんらかのマクロ経済政策の実施が必要となります。173ページの図4-15を見ながら考えてみましょう。

　現在、所得はY_3に減少してしまっているので、所得をY^*に戻すために、総需要曲線（AD）を拡張的な金融政策、財政政策を通じて右にシフトさせようとします（AD → AD'）。しかし、総供給曲線はAS''のままなので、物価はP_4まで上昇します。

　一方、物価をP^*に戻すためには、図4-15からわかるように総需要曲線（AD）を左方向にシフトさせる必要があります（AD → AD''）。それ

図4-14 ●供給サイドのポジティブ・ショックとネガティブ・ショック

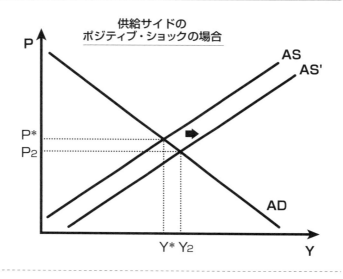

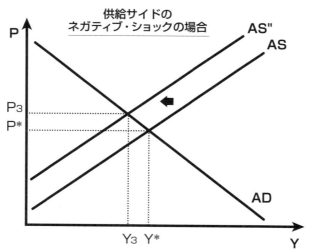

経済の体調管理② ―― 金融政策、金利・物価の影響　第4章

図4-15 ●供給サイドのネガティブ・ショック時の政策対応

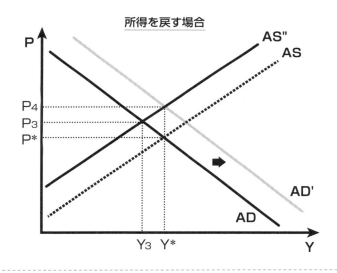

所得を戻す場合

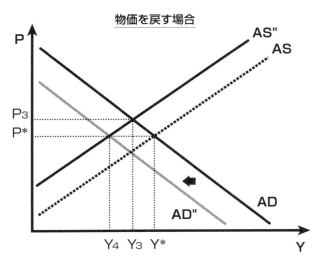

物価を戻す場合

によって、所得は Y_4 まで減少し、景気の減退を招くことになります。

　このように、**ネガティブ・ショックが生じたときの政策対応は非常に難しい**ものになります。そこでそのショックを緩和させるためには、需要サイドではなく、供給サイドにおける生産能力の回復が重要な政策対応になるということがわかります。

　このように考えると、政府にとっては、総需要のコントロールだけではなく、生産性の向上、中長期的な基礎体力作りとしての経済成長など、供給サイドへの対応も重要な仕事であるということが示唆されます（経済成長の話は、第5章でします）。

経済の体調管理②——金融政策、金利・物価の影響　第4章

5 まとめ

　1980年代後半から1990年代初頭にかけて、日本では「バブル景気」という時代を迎えていました。その時代には、多くのお金が動き、経済が活発になりました。

　東京の繁華街ではタクシーに乗りたくても、乗りたい人に対して台数が不足して、乗れないという風景も見られました。まさに景気が過熱していた時期でした。広末涼子さん主演の『バブルへGO‼』（2007年）という映画を見ていただくと、その当時の様子がわかります。テレビでは、トレンディードラマが最盛期で、まさに日本経済の全盛期、華々しい「猛き黄金」の時代でした。

　しかし、「諸行無常」という言葉があるように、こうした時代は永遠には続きません。バブル経済が崩壊すると、家計や企業の経済状況が悪化して、長期間にわたり、需要を押し下げ、物価低下の圧力が働いてきました。そして、日本経済は、現在でも「失われた20年」とも呼ばれる停滞の時代が続いています。

　第3章の最後でも少し触れましたが、**政府や中央銀行は万能ではありませんし、失敗もします。**財政政策や金融政策といった薬の効き目はその時々の人々の気持ち（マインド）に大きく影響されますが、それを正しく把握することは至難の業です。健康状態の診断を間違えて、効く薬も効かなくなるということも往々にしてあります。

　そもそも、マクロ経済政策のバックボーンとなる「マクロ経済学」の理論も、たくさんの研究がされてきましたが、今なお論争が続いている点が少なからずあります。医学がどんなに発達してもガンのように治すのが困難な病気が存在するように、最新の経済学の知見をもってしても、経済のどんな病気も治せるというわけではないのです。

175

また、「時間軸をどうとるか」によって正解が変わる、という問題もあります。「ある経済政策を行うと、今直面している問題は解消されるが、将来に大きな問題を残してしまう」ということはよくあります。

　しかし、人々は今まさに直面している問題には強い関心を持ちますが、遠い未来のことには関心が低いものです。政策を決める政治家はいま現在の国民の影響を強く受けますから、将来の問題は見過ごしたり、先送りしてしまいがちです。

　このように、政府や中央銀行も人間が動かす仕組みであり、必ず正解を得られるわけではないのです。では、政府や中央銀行が行うマクロ経済政策について知ることは意味がないかというと、そんなことは全くありません。

　これまでにご紹介した「メガネ」を使えば、少なくとも1990年代以降の日本経済のどこに問題があったかを理解し、これからなにをすればいいのかを考えるためのヒントが得られるはずです。それは今後、あなたが選挙で経済政策を選択することになった際に、大きな助けとなるでしょう。

　さて、マクロ経済政策の世界の旅も、いよいよ終盤に差しかかりました。しかしまだ皆さんには、もうひとつ手に入れてもらいたい「レンズ」があります。それはアベノミクスの3本目の矢であり、アベノミクス第2ステージを考えていくためにも必要な「経済成長」というレンズです。

　国が豊かになっていくためには、経済成長が不可欠です。これまでは、「平熱」を維持するための体調管理を政府や中央銀行がどのように行うのか、という内容でした。次に、皆さんに知ってもらいたいのは、どうすれば経済の規模を大きくできるか、という視点です。人体にたとえるならば「基礎体力の向上」ということになるでしょう。それでは、「経済成長」という次なる大地に向けて、旅を続けましょう。

経済の体調管理②——金融政策、金利・物価の影響　第4章

［注］

1　2015年12月時点　日本銀行「マネーストック速報（2016年1月）」

2　2015年12月時点　日本銀行「マネタリーベース（2016年1月）」

3　図ではわかりやすいように、直線であらわしています（2.2以降に登場する「IS曲線」も同様）。

［参考文献］

・飯田泰之／中里透［2008］『コンパクト マクロ経済学』新世社
・小林慶一郎「データで見た『三本の矢』の的中率」『文藝春秋』2015年12月号、104-118頁、文藝春秋
・ジョセフ・E・スティグリッツ／カール・E・ウォルシュ（藪下史郎他訳）［2014］『スティグリッツ　マクロ経済学〈第4版〉』東洋経済新報社
・浜田宏一［2015］『アメリカは日本経済の復活を知っている』講談社＋α文庫
・家森信善［2011］『基礎からわかるマクロ経済学〈第3版〉』中央経済社

第 5 章

経済の基礎体力を高める
——経済成長のメカニズム

要 旨

☞政府や中央銀行は、長期的な「経済成長」を達成し、経済そのものの規模を大きくしていく必要がある。

☞日本の国民 1 人あたり GDP は1996年には OECD 諸国中 3 位だったが、2014年には20位にまで落ち込んでいる。そこで、現政府は2020年の名目 GDP 目標を600兆円と定め、今より100兆円以上増やすとしている。

☞経済成長に必要なのは、「労働」と「資本」、そしてそれぞれの「生産性」を上げることである。また、「技術革新」や「インフラ」の整備も重要である。

☞人口減少・少子高齢化が進む日本では、労働の供給量の大幅な増加は期待しにくい。よって「生産性の向上」が経済成長における課題とされている。

☞生産性の向上のために、規制緩和、日本への海外企業の誘致、イノベーションの創出、多様な環境に対応するための教育の充実、といった政策が求められている。

☞こうした政策目標を提示して「将来への期待」を国民にもたらすことで、国民一人ひとりの行動が変わっていき、結果的に経済成長につながっていく。

「危機」を克服するための経済成長

皆さんのマクロ経済政策の世界の旅も、最後の経由地に到着しました。この旅も、いよいよゴールが見えてきましたね。

これまでは、経済の体調管理について考えてきました。経済の状態（景気、物価、為替相場）は、人間の体温と同じように、できるだけ「平熱」の状態を維持することが重要でした。

政府や中央銀行は、経済の状態をできるだけ平熱に維持しようと短期的な調整を行いますが、同時に、**「未来への希望」を生み出すために、長期的な経済成長をも考えていく必要があります**。つまり、短期的な視点で「経済の安定化」を行い、それを長期的な視点で「経済成長」に結びつけていくことが重要なのです。

人間の体調にあてはめて考えると、短期的な経済の安定化が「対症療法」だとすれば、長期的な経済成長は「体質改善」と言えるでしょう。確かに対症療法はなにかしらのけがや病気をしたときには、その要因に直接有効です。しかし健康を考えるのであれば、そもそもけがや病気にならない強い身体を作ることも必要です。経済成長とは、基礎体力をアップさせることだと言えます。

また、**経済成長とは、経済の規模を大きくしていくことであり、その「果実」を増やしていくこと**です。とりわけ、グローバル社会においては、国家間で競争が行われますので、他の国に富を吸収されないような経済成長の努力が求められます。

マクロ経済政策の旅の最後は、こうした長期的な経済成長のお話です。

経済の基礎体力を高める──経済成長のメカニズム　第5章

経済成長の今

　2015年12月に内閣府は、OECD（経済協力開発機構）諸国と国際比較すると、**2014年の日本の国民1人あたりGDP（国内総生産）は20位**になるというデータを公表しました。1位から34位までの国をグラフで整理すると、図5-1のようになります。

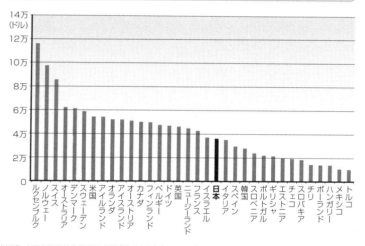

図5-1 ●国民1人あたりGDPの国際比較（2014年）

（出所）内閣府経済社会総合研究所『平成26年度国民経済計算確報』より筆者作成

　この国際比較において、日本は1996年には3位でしたが、2000年代に入ると10位以下に転落をしていきます（次ページの図5-2）。2010年以降は、13位、14位といった順位でしたが、2013年には19位と、さらに順位を下げてしまいました。これは米ドルベースでの集計ですので、為替レ

ートの影響もあると考えられます。とはいえ、**日本が経済成長という点で大きく滞っているという状況が垣間見える**と思います。

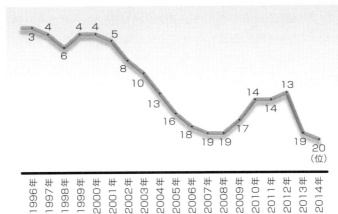

図5-2 ●国民1人あたりGDPの日本の順位

（出所）内閣府経済社会総合研究所『平成26年度国民経済計算確報』（2015年12月25日）より筆者作成

　安倍政権下においても、経済成長は重要な政策目標になっています。アベノミクスの3本目の矢は、まさしく「成長戦略」でした。また、2015年9月に発表した「第2ステージ」では、**2020年の名目GDP目標を600兆円にする**ことを「3つの的」（新3本の矢）のひとつにしました。

　2014年時点での日本の名目GDPは約490兆円です。したがって、この目標を達成するためには、**5年間で今より100兆円以上増加させなければいけません**。次の図5-3を見るとわかるように、1994年以降の20年間で、最も名目GDPが高かったのは、1997年の約523兆円でした。アベノミクスでは、それをはるかに上回るレベルを目指しています。

経済の基礎体力を高める──経済成長のメカニズム　第5章

図5-3 ●日本の名目GDPの推移

(出所) 内閣府『国民経済計算』より筆者作成

　すでに、成長のストーリーは、日本の経済政策を議論する経済財政諮問会議でも示されています。まず、現在の名目GDP約490兆円をベースにして、潜在経済成長率（潜在GDPの毎年の伸び率）を2％程度に向上させることで、実質GDPを60兆円強ほど増加させることを目標とします。

　そのために、供給面では労働力人口の増加、生産性の上昇、資本ストックの増加など、本章でこれから取り上げる経済成長のための取り組みを行うことを前提にしています。

　また需要面では、少子化対策、高齢化対策などから発生する新たな需要、TPP（環太平洋パートナーシップ）協定の発効（第9章で詳説します）による需要の増加、2020年東京オリンピック・パラリンピックや海外からの旅行客（インバウンド）による需要増加などを見込んでいます。

　ここまでの経済成長を見込んで、やっと名目GDPは約550兆円にな

る予定です。残りの50兆円弱は、賃金・物価上昇・交易条件の改善等の結果として増加させるというシナリオです。

確かに最近、ホテルの予約が取りにくくなったり、客室料金が上がったりしています。これはインバウンドの影響とも言われており、観光・旅行業界、その他サービス業も、これをビジネスチャンスとして捉えています。

しかしながら、これは日本経済の「体質改善」というよりは、外からの風が勢いよく吹き込んでいるだけだと考えると、その風が止んでしまう可能性も考えておかなければいけません。つまり、外部環境だけではなく、内部環境にもしっかりと目を向けた「体質強化」を通じて、持続的な経済成長を目指していく必要があるということです。

経済成長のメカニズム

　それでは経済を成長させていくためには、具体的になにが必要でしょうか。ここでは、経済成長のお話を、お弁当屋さんを例に考えていきます。

　今、ここにお弁当の材料になる食材があるとします。しかし食材をそのままお客さんに提供することはできません。通常、包丁やフライパンなどの道具を使い、シェフや調理係の人がその食材を料理して、お客さんに提供しますね。さらに言えば、そのシェフや調理係の人の腕前も重要となります。

　つまり、**経済成長に必要なのは「労働」と「資本」です。**お弁当屋さんの例で言うと、シェフや調理係が「労働」で、包丁やフライパンが「資本」ということになります。

　また、経済成長の議論では「生産性」という考え方を理解しておくことも重要です。**生産性とは「投入量と産出量の比率」のことです。**ちょっとわかりにくいかもしれませんね。引き続き、お弁当屋さんを例に、この生産性という概念を説明していきましょう。

3.1　労働力と労働生産性

　まず「労働生産性」では、**1人がどれだけの産出をするか**、ということを考えます。たとえば、Aさんは1時間にお弁当を10個作れるとします。一方、Bさんが1時間にお弁当を20個作れるとしたら、生産性はBさんの方が2倍高いということになります。

　もし、あなたが経営者であれば、どちらの人を雇いたいですか。おそらく、多くの人はBさんと言うのではないでしょうか。お弁当を100個

作るのに、Aさんは10時間かかるのに対し、Bさんであれば5時間で済むのです。2人の時給がともに1,000円だとすれば、Aさんには1万円を支払わなければいけませんが、Bさんであれば5,000円で済みます。どちらが生産性が高いかは明白です。

　日本が経済成長をしていくうえでは、この「労働生産性」の水準を上げていく必要があります。その方法としては、教育や職業訓練などが挙げられます。教育や職業訓練を通じて、適切な知識やスキルを身につけることで、労働生産性を高めることが可能になります。

　もちろん、労働生産性だけではなく、どれだけの労働人口が市場に供給されているか、つまり**働く人の数である「労働力供給量」を考えることも重要です**。日本は人口減少に直面し、高齢化も進展しています。今後、15〜64歳までの生産年齢人口の数は減少していきます。すると、生産規模は自然に縮小してしまいますので、持続的な経済成長を維持することが難しくなってしまうのです。そこで、いかに労働力を確保していくか、ということが大きな課題になります。

　今、「1億総活躍社会」をスローガンにして政府が取り組もうとしている各種政策は、こうした労働力不足の解消に向けて、女性や高齢者の皆さんにもっと働いてもらえる社会を目指すための政策と言えます。そして、そのためには社会保障の充実などを通して、「安心して働くことができる社会」を創っていくことが大切でしょう。人口減少、少子化、高齢化が進展する中での社会保障の問題については、第7章で詳しく解説する予定です。

3.2　資本と資本生産性

　また、経済成長においては「資本」も重要な視点になります。もし、仮に包丁やフライパンがなければ、そもそも料理自体ができないでしょう。つまり、資本がなければ経済成長は生み出せません。

経済の基礎体力を高める――経済成長のメカニズム　第5章

　さきほどの事例では、包丁やフライパンが資本にあたると言いましたが、もう少し広く考えれば、お店も資本ですし、お弁当を調理する厨房、工場なども資本として考えられます。このように**資本は、「投資」によって増加させていくことができます。**

　投資の増加には、自国内からだけではなく、海外からの投資を積極的に受け入れていくことがカギとなるでしょう。そのため、今、世界中の国が自国への投資を促す取り組みを進めており、日本も対日投資の増加をひとつの大きな目標として考えています。

　また、これまで見てきたように、投資の源泉は貯蓄でした。つまり、家計における貯蓄が投資に回るようにいかに促していくか、ということも考えていかなければなりません。たとえば、投資分を税額控除などの方法で課税対象額から除外できる投資減税などもひとつの選択肢となります。

　また、ここでも生産性を考える必要があります。**「資本生産性」**です。これは投下した資本量と産出額の関係を考えます。たとえば、100万円を資本として投下した場合に、1,000万円の産出ができたときと2,000万円の産出ができたときを比較します。この場合、後者の方が、資本生産性が高いと言えますし、そうした物的資本への投資を選択することが望ましいと考えるべきです。

　しかし、なぜ、このような生産性の違いが生まれるのでしょうか。たとえば、100人が働ける施設を作ったとしても、働いている人が50人であれば、そこに無駄が生じてしまいます。せっかく設備を整えても利用度が低ければ、生産性は低下してしまうのです。この他にコスト面でも非効率的になっていて、無駄が生じている可能性もあります。

3.3　技術進歩

　もうひとつ、長期的な経済成長を実現していくために忘れてはいけな

いのが「技術進歩」です。

技術が発展することにより、生産性は向上していきます。料理にしても、すべて人の手で行うより、一部の工程で機械を使う方がより産出量を高められる可能性があります。

たとえば、ある企業が何店舗かのレストランを営業しているとします。このとき、各店舗で料理を作るか、それともセントラルキッチンで集中して料理を作ってそれを各店舗に配送するか、どちらがよいでしょうか。

ある程度の規模であれば、「セントラルキッチンで集中して作って各店舗に配送し、追加で注文があったときには各店舗で調理する」という方式を採用する方がコストの面で効率的です。その場合、システム技術の精度が進歩すればするほど、効率性が増して、産出量も増加していくでしょう。

こうしたシステム技術は今や現実となりつつあります。今、「インダストリー4.0」と呼ばれる最新の情報技術を活用した生産方式が注目されています。これは複数の工場をインターネットで結び、材料や生産内容などを最新の情報技術で生産管理して、効率性を上げるという生産方式です。

このような技術進歩を支えているのは、たくさんの研究開発です。また研究開発の成果としての特許がとても重要な資源となります。**技術進歩を促進する研究開発、さらにはイノベーションが生まれる環境を設計していくことも、長い目で見た経済成長にとって重要です。**

3.4 インフラストラクチャーと制度

労働、資本、生産性、技術進歩……ここまで経済成長に必要な要素をいろいろ見てきましたが、最後に「インフラストラクチャー」の整備も経済成長には欠かせません。

経済の基礎体力を高める——経済成長のメカニズム　第5章

　ここで言うインフラストラクチャーには2つの意味があります。ひとつは、施設、道路、鉄道、港湾などの目に見える社会インフラの意味で、こうしたものを**「ハードなインフラ」**と呼ぶことにします。

　一方、市場、法律、政治システム、司法システムどの目に見えない社会インフラも、経済成長には不可欠です。そこで、これらを**「ソフトなインフラ」**と呼ぶことにします。

　ここでは、後者の「ソフトなインフラ」の重要性について考えてみます。仮に、「市場」という制度や、「法律」というルールがなかったら、我々の生活はどうなるでしょう。皆さんがせっかく買ってきたものが誰かに取り上げられてしまうかもしれませんね。買う約束をしてお金を支払ったのに商品が届かない、なんてことも起こり得ます。

　このように、**所有権の決定、契約履行の保証といったルールを通じて、市場という制度が保証されていなければ、経済活動を行っていくことも容易ではありません。**だからこそ、政府は市場というインフラをしっかりと守っていく必要があるのです。この点は、第1章、第2章で考えてきたと思いますので、もう一度しっかり思い出してください。

　また、皆さんが使っているお金が価値のないものになってしまうなんてことが起きたら、経済は大混乱してしまうでしょう。そこで中央銀行は、適切なルールの下で、通貨を発行し、管理する必要があります。政府も、市場に偽札が出回らないように、通貨の管理をしっかりと行っていかねばなりません。

　また、政治の安定性や民主主義の保証など、政治システムも重要な「ソフトなインフラ」です。歴史的にも、また今の世界情勢に目を向けたときにも、政治が不安定になれば、経済も不安定になることは多くの事例が示しています。

　このように経済成長には、その国に住む人々が政治に参加し、多様な価値を認め、一定のルールの中で経済活動が行われ、それが保証されることが重要です。経済取引のルールが、ある日突然変わってしまうよう

189

な状態であれば、安心してその国で経済活動はできませんし、信用してその国に投資をすることも難しくなります。

そういう意味では、司法システムがきちんと機能していることも経済成長にとっては重要です。たとえば、ある当事者間で経済的な利益が衝突してしまったときに、公平な仲裁がなされないような市場では、人々は自分の資産を不当に奪われるかもしれないという不安を抱いてしまい、その市場から撤退してしまうからです。

このように、**政治システムや司法システムは経済成長に大きな影響を与えます。**このことは、マサチューセッツ工科大学のダロン・アセモグル教授とハーバード大学のジェイムズ・A・ロビンソン教授が、世界各国の制度や歴史に関する研究をまとめた『国家はなぜ衰退するのか』の中でも説明されています。

グローバル化が進んだ現在、その地域ごとの文化や慣習で、こうした問題を解決していくことは困難です。そこで、多様な価値観の中で、一定のルールを人工的に構築し、決められた手続きの中で解決をしていくことが、経済活動の安定性を高めていくためにも必要なインフラとなるのです。

経済の基礎体力を高める——経済成長のメカニズム

経済成長という「挑戦」

　マクロ経済政策の旅もいよいよ終わりに近づきました。この旅を終える前に、未来に向けて、持続的に経済成長をしていくためにはなにが必要なのかを再確認しておきたいと思います。

　ここまで見てきたように、経済成長には、労働力、資本それぞれの「量」と「質」が重要です。しかしながら、現在、日本が直面しているのは、人口減少、少子化、高齢化です。つまり、**労働力の「量」は減っていく可能性が高いのです**。そうした状況の中で、経済成長を促進していくためには、生産性を向上していくことが重要になります。生産性を高めていくためにはなにが必要かという話については、第9章で詳述します。

　また、これまでは日本経済全体のことを考えてきました。しかし、実際には、日本国内においても、さまざまな地域があります。つまり、地域間で、労働力や資本の量だけではなく、生産性も違っていると考えておく必要があります。これは決して悪いことではありません。それぞれの地域に特色があり、その特色に応じて、得意なことが違えば、それぞれ役割分担をすることで、第9章で触れる「比較優位」のように、経済全体をよくすることができるからです。

　一方、市場という装置を活用していれば、地域間で「格差」という市場の失敗が生じてしまう可能性もあります。それが、第2章で議論した「パイをどう分けるべきか」という分配問題です。

　政府は、こうした地域間の収入格差を少なくするために、国で集めた税金などの一部を財政的に厳しい地方自治体に配分しています。この制度のことを地方交付税交付金と言います。しかし、**このような格差調整は、国の財政赤字が累増し、財政的制約が大きくなる中で、限界が近づ**

いてきているのも事実です。

　地域間でも、それぞれの労働、資本、技術の違いによって、経済成長のスピードにも違いが現れます。今後、各地域が自立的に経済成長をしていくためには、低成長地域の生産性を高めるためのイノベーションが必要になります。また、それは日本経済全体の成長にとっても大きなカギとなるでしょう。この点については、第8章で詳しく述べていきます。

　ここまでで見たように、**経済成長のカギは生産性の向上にある**と言えます。しかし、なにもしないでいると、またなにかを守ろうとしていると、生産性は向上どころか、低下していってしまいます。それを回避するためには、改革を進めていくことが重要になります。

　それでは、具体的にどのような改革が必要なのでしょうか。ひとつは、国際競争力を高めるために、規制改革を進めたり、法人税を減税したり、グローバルなネットワーク力を高めたりすることです。

▌ 4.1　経済成長のための「規制改革」

　第2章で述べてきたように、市場の失敗を補正していくためには、適切な「規制」が必要です。

　しかし、薬は毒にもなるように、**過度な規制や特定の人々の利益を保護してしまう規制は、**市場を歪めたり、民間の経済活動を阻害したりして**生産性を引き下げ、経済に悪影響を及ぼしてしまう恐れがあります。**また、過去には必要であった規制が、技術進歩や社会変化の中で不必要になるケースは少なくありません。そこで、規制を見直していく必要が出てきます。

　他方、規制を緩和することで新たな問題が生じることもあります（第8章で詳説します）。したがって、規制の正の効果と負の効果をよく見極めながら、「市場の失敗」を是正し、生産性を引き上げ、経済成長をも

192

促せる規制が必要になります。こうした規制は政府が行う公的規制という手段だけではなく、事業者間で相互チェックをしたり、第三者がチェックをしたりする認証制度のような手段もあります。

成長戦略の中でも、単に規制を設けたり、緩和したりという二元論ではなく、さまざまな規制の手段も考慮に入れて、規制改革を検討していくことが重要になります。

ただ、規制改革には政治的な難しさが伴います。規制改革そのものについては賛成という人が多いはずです。しかし、自分たちの利益が失われるとなると話は別で、一気に反対する人たちが出てきます。つまり、**規制改革は「総論賛成、各論反対」という状態になりやすい**のです。

また、既得権者が「困っている人たち（弱者）を救うために規制を作れ（守れ）」と主張しながら、実際には自分たちの既得権を守るような規制を作ろう（守ろう）とすることもあります。これに弱者の側も同調すると、たとえ適切な規制改革であっても、それを実行することは難しくなってしまいます。こうした問題を、インド準備銀行のラグラム・ラジャン総裁とシカゴ大学のルイジ・ジンガレス教授は、**「既得権者と弱者の結託問題」**と言っています。

過去、多くの改革においてこのような主張がなされ、本来必要な改革が中途半端になってしまったり、先送りにされたりしてきました。こうした規制改革における政治的な問題は、生産性を低下させて経済成長を阻害してきた要因のひとつであると言えるでしょう。

4.2 海外の「成長力」を取り込む

また、これからの時代の経済成長にはグローバルな視点が必要不可欠です。日本経済全体の生産性の向上のためには、日本でビジネスをすることの魅力を高め、海外の生産性の高い企業や事業が日本に移転するケースを増やすなどで、海外の成長力を国内に取り込んでいくことが重要

です。

　具体的にやるべきことは、まず**法人税の改革**です。法人税は、企業目線で考えると大きな「コスト」になります。ある企業で1億円の利益があったとき、その利益にかかる法人税の税率が20％の場合と30％の場合を考えてみましょう。法人税率が20％の場合、法人税額は2,000万円ですが、30％の場合は3,000万円になります。同じ利益なのに、税率が異なるだけで、その企業のコスト負担が大きく変わってしまうのです。企業はできるだけコスト負担を軽減したいですから、法人税の低い国でビジネスを展開しようと考えるはずです。

　また、コストが軽減できた分を、企業が従業員の賃金や株主への配当に還元したり、新たな投資などに回したりすれば、経済全体にとってプラスになります。つまり、法人税の減税は企業誘致や経済成長につながっていく可能性が高いのです。

　しかしながら、**日本の法人税率は、これまで国際的には高いと言われてきました**。近年、法人税減税の必要性が議論され、2010年度には国と地方を合わせて39.54％だったものが、法改正により2016年度には31.33％となります。これは次の図5-4でわかるように、フランスやドイツ並みの水準ですが、中国、韓国、シンガポールに比べれば、まだまだ高いということがわかります。

　グローバル化が進めば、企業がどの国に本社を置くか、という選択の制約も小さくなります。東アジア、東南アジアの国々と比較して日本の法人税が高ければ、海外の企業が日本に移転するどころか、日本のグローバル企業が海外に移転してしまうことも考えられるのです。そこで、従業員賃金・株主配当の引き上げや、投資の促進まで考慮した一体的な法人税改革が、今後の経済成長のためには欠かせないのです。

　またグローバル化の中では、**「ネットワーク」**も重要な要素になります。一口にネットワークと言ってもさまざまなネットワークがあります。たとえば、物流のネットワーク、人々の移動のネットワークなどです。

経済の基礎体力を高める――経済成長のメカニズム 第5章

図5-4 ●国・地方を合わせた法人税率の国際比較 (2015年4月現在)

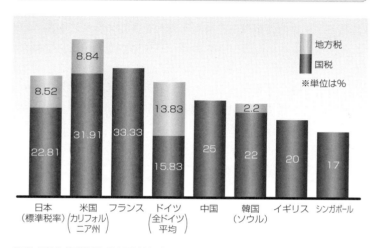

(出所) 財務省『国際比較に関する資料 (平成27年4月現在)』より筆者作成

　物流においては、通関手続きに関わる料金、港湾使用に関わる料金、もしくは空港使用に関わる料金などの諸経費が発生し、これらもコストとなります。企業は物流コストを軽減するために、できるだけ便利で、またこうしたコストが安い国や都市を拠点に選ぶかもしれません。拠点となった国や都市には、人々も集まり、さまざまなサービスも必要になるので、経済活動も活発になるでしょう。

　また人々の移動においても、空港から都市部までの移動距離や時間、他都市へのアクセスの便利さなどは重要です。皆さんが旅行に行くときも、そうしたことは気になりますよね。飛行機の乗り換えが必要な場合は、それが便利な空港を経由することを考えるでしょう。このように他の都市とのネットワークがよくなることで、多くの移動を呼び込むことができ、経済活動を活性化させることも可能なのです。こうしたグロー

バルなネットワークの構築という視点も、経済成長には不可欠です。

そしてなにより重要なのは、**海外から日本への対内直接投資を増加させること**です。対内直接投資とは、海外の企業が本社を日本国内に移転させたり、支社を置いたり、さらには、日本の企業に出資して経営に参加したりすることです。こうしたことは、日本国内の雇用を創出したり、生産性を引き上げる効果があると言われています。また、海外の生産性の高い企業が対内直接投資を通じて、日本経済全体の生産性を引き上げるという効果も期待できます。

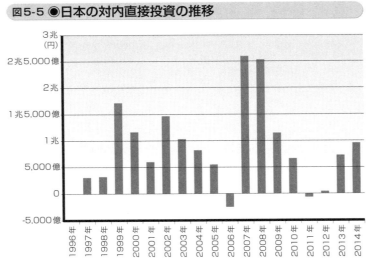

図5-5 ●日本の対内直接投資の推移

(出所) 財務省『国際収支状況』より筆者作成

図5-5は、1996年以降の海外から日本への対内直接投資の推移を示したものです。2013年以降、増加傾向にありますが、これを今後も維持していけるかどうかが、今の日本に問われている課題です。

経済の基礎体力を高める——経済成長のメカニズム　第5章

■ 4.3 「新たな成長」へのイノベーション

　2009年にテレビドラマ化もされた、城山三郎氏の小説『官僚たちの夏』を読者の皆さんはご存じでしょうか。この小説は、いわゆる高度経済成長期の日本の経済政策を考えるための格好のテキストです。

　この小説を読むと、当時の日本の経済成長は、いわゆるキャッチアップ型であったと言えます。これは、フロントランナー（先進国）を追いかけ、その知識や技術を活用し、自国に取り入れながら、経済成長をしていくモデルです。

　しかしながら、現在の日本経済はキャッチアップの段階をはるか昔に終え、**新たな成長モデルを自ら切り拓いていかなければならない段階にあります。**これはキャッチアップよりもはるかに難しいことです。

　キャッチアップは、料理で言うと、「誰かが作ったレシピを参考にしながら、自分も同じ料理を作ってみる」ということに似ています。この場合、失敗する可能性はとても低いでしょう。一方、レシピもなにも見ずに、自分だけの創作料理を作ろうとすると、味がまずかったり、余分な材料を使ってしまったりといった失敗をしがちです。

　それでも、キャッチアップ後の段階では、自分たちで料理のレシピを考えて、新たな料理を生み出していかなければなりません。そうしないと、経済が成長していかないからです。

　皆さんがラーメン屋さんを経営していると考えてみてください。最初は、皆さんが「おいしい」と思ったお店のラーメンを真似たり、もしくはレシピを教えてもらってラーメンを作ります。しかし、これを続けていては他店と変わりませんし、お客さんも次第に飽きていってしまうでしょう。自分のお店をさらに繁盛させていくためには、自分なりの味、自分なりのラーメンを開発していかなければなりません。そうです、イノベーションが必要になるのです。

　イノベーションという言葉は、「技術革新」とよく訳されます。もち

ろん、その意味もありますが、この言葉の本来の意味はもっと広く、「新しいものを創造する」ということです。その創造によって、技術も変わるし、知識やアイディアも変わる。そうすれば、社会が大きく変わっていく——という意味だと考えるべきだと思います。

では、イノベーションはどうすれば生まれるのでしょうか。

その源泉となる新たな知識・アイディア・技術を生み出すためには、官民の研究開発投資、大学との産官学連携、生み出された知識・アイディア・技術をビジネスにつなげていくベンチャー企業の育成、そのためのベンチャー投資などにより力を入れていく必要があるでしょう。このようなイノベーションへの挑戦が、日本経済の生産性を引き上げ、新たな経済成長を生み出していくと考えられます。アベノミクスの成長戦略に、こうした項目が盛り込まれているのも、イノベーションを通じた経済成長を想定しているからと言えるでしょう。

4.4　変化に対応できる力を養う「教育」

経済成長を促進していくためには、「長期的に労働力をどう技術変化に適応させて、生産性を伸ばしていくか」ということも考えなければいけません。これをもっと平たく言えば、**経済成長のためには、「教育」が非常に重要なカギになるということです。**

教育を通じて労働者の知識水準、技術水準を高めていくことは、労働生産性の向上につながります。レストランのシェフも、料理の勉強をして、修業を重ねていくことで、おいしい料理を手早く作ることができるようになりますよね。それと同じです。

ただ教育と言っても、専門の知識や技術を身につけるものだけではなく、幼児教育、初等教育、中等教育、高等教育のそれぞれの段階での教育が重要です。ニューヨーク市立大学のキャシー・デビッドソン教授は、2011年に、米国の小学校に入学した子どもたちの65％は、大学卒業

経済の基礎体力を高める——経済成長のメカニズム　第5章

時に、現在は存在していない職業に就くと予測しています。

　確かに、20年前には、インターネットに関する職業がこれだけ増えると予測していた人は少なかったかもしれません。こうした時代変化に対応するためには、専門的な知識やスキルを身につけるだけではなく、**どのような仕事に就いたとしてもそれに対応できる能力**を身につけておく必要があります。これには幼児教育、初等教育からの教育が重要な意味を持ちます。

　さらに社会の変化に対応するために、就職後の職業再訓練の機会を提供していき、柔軟な労働市場の中で、職業間の移動をしやすい環境を作っていくことも必要です。現在議論されている労働市場に関する規制改革や労働法制改革は、こうしたことを目指しています。このように、労働市場において、よりよいマッチングがなされていけば、日本経済の成長にも大きな効果をもたらすはずです。

▌ 4.5　経済成長で期待と希望を生み出す

　短期的には経済を安定化させていき、長期的には経済成長を促進していく。これが政府の仕事だと、ここまで学んできました。つまり、日々の体調管理とともに、基礎体力の底上げも担っているということです。

　さらに、**政府は経済の「心理」面にも配慮していかなければなりません**。「病は気から」という言葉がありますが、経済でも心理は身体（実体）に大きな影響を及ぼすからです。たとえば、消費者が将来に不安を抱えていると、「買い控え」のように消費活動を抑制して、手元にお金を残そうとするかもしれません。そうすると、消費は冷え込み、総需要は減少していきますね。逆に、将来への不安が少なければ、お金をもっと使おうということになり、総需要は増加していくかもしれません。

　ここで経済学における「期待」という概念を紹介しておきたいと思います。たとえば、「政府がこのような政策をやっている」ということ

199

は、「将来、経済が（政策の影響を受けて）このようになっていくだろう」という期待を形成します。すると人々は、そうした期待に基づきながら経済行動を行うようになるのです。このような**期待を生み出すことも経済政策の大きな役割のひとつです。**

　そうした意味で、将来的な財政再建のプランや、社会保障制度の安定性などを政府が国民に示すことは、国民の期待を形成する重要なコミットメントだと言えます。アベノミクスの第2ステージにおいて社会保障の充実を新たな目標に掲げた意味は、そこにあると考えられます。財政再建の話と社会保障の話についての詳細は、第6章と第7章で詳述していきたいと思います。

経済の基礎体力を高める——経済成長のメカニズム 第5章

旅の終わりは、次の旅の始まり

　マクロ経済政策の世界の旅は、いかがだったでしょうか。長い旅になりましたが、旅の途中でさまざまなレンズを見つけ、マクロ経済政策の世界を眺めるメガネを手に入れることができたのではないでしょうか。

　このメガネは、使い慣れていないと、ちょっと「眼が痛くなる」メガネです。しかし、使い慣れてくると、そうした痛みはなくなり、未来を垣間見せてくれる大変楽しいメガネになります。

　さらに、今回の旅で見聞きしてきたお話は、マクロ経済政策の議論のほんの一部で、本当はもっともっとたくさん立ち寄るべき場所が存在します。しかも、マクロ「経済学」の理論に関しても、さまざまな論争がありますし、今なお決着がついていないものも実はたくさんあります。ですから、今回の旅はここで終わりますが、皆さんにはマクロ経済政策やマクロ経済学の世界に関心を持ち続けてもらえればと思います。
「経済学のメガネ」は、人々の生活を豊かにし、幸せを創造していくための道具です。しかし、使い方を間違えれば、人々の幸せを奪うことにもなるかもしれない、ということもあわせて知っておいてください。だからこそ、皆さんがこの「メガネ」をかけて、しっかりと今の世界を見ていくことが重要なのです。

「旅の終わりは、次の旅の始まり」です。マクロ経済政策の世界の旅はここで終わりますが、第6章からは財政再建、社会保障、地方創生、TPP協定など、現在の日本が直面している実際の政策課題を、「経済学のメガネ」をかけて考えていきましょう。

［参考文献］
・N・グレゴリー・マンキュー（足立英之他訳）［2012］『マンキュー　マクロ経済学Ⅱ応用編〈第3版〉』東洋経済新報社
・川本明［2013］『なぜ日本は改革を実行できないのか』日本経済新聞出版社
・小林慶一郎「データで見た『三本の矢』の的中率」『文藝春秋』2015年12月号、104-118頁、文藝春秋
・ジョセフ・E・スティグリッツ／カール・E・ウォルシュ（藪下史郎他訳）［2014］『スティグリッツ　マクロ経済学〈第4版〉』東洋経済新報社
・ダロン・アセモグル／ジェイムズ・A・ロビンソン（鬼澤忍訳）［2013］『国家はなぜ衰退するのか：権力・繁栄・貧困の起源』早川書房
・浜田宏一［2015］『アメリカは日本経済の復活を知っている』講談社＋α文庫
・二神孝一［2009］『マクロ経済学入門〈第2版〉』日本評論社
・家森信善［2011］『基礎からわかるマクロ経済学〈第3版〉』中央経済社
・ラグラム・ラジャン／ルイジ・ジンガレス（堀内昭義他訳）［2006］『セイヴィング キャピタリズム』慶應義塾大学出版会

第 **3** 部

現実の問題を
「経済学のメガネ」で見る

魚の目

第6章

国の借金と
財政再建

要旨

☞日本の政府債務（政府の借金）は過去25年間、一貫して増え続けている。他の先進国にはこのような傾向はない。

☞公的債務の残高は2015年現在で1,000兆円を超え、国内総生産の2倍以上である。

☞財政の持続性を50年後、100年後にも保つためには、経済成長を達成するだけでは不十分で、大幅な財政収支の改善が必要である。

☞そのスケールは、現在の消費税率にさらに約30%
　の税率を加えること、または、国家予算を3分の1
　にすることに相当する。

☞財政収支の改善ができなければ、いずれ物価が3
　倍、4倍になるような大幅なインフレが起きるかも
　しれない。

☞財政再建による痛みか、大幅なインフレによる国民
　生活の混乱か、どちらかを選ぶ必要がある。

日本の財政の問題点

1.1　政府も語らない日本の財政問題

　日本はさまざまな経済問題に直面していますが、中でも重要な問題は財政問題（政府債務の問題）です。つまり、**日本政府の借金を、政府は本当に返済できるのだろうか、また、返済するためにはどうすること（増税？　歳出削減？）が必要になるのだろうか**、という問題です。

　皆さんも、日本政府がたくさんの借金をしていることは学校で習ったり、ニュースで見たりして知っているかもしれません。しかし、どれほど深刻な問題になっているのかを具体的な数字で見る機会はあまりなかったのではないでしょうか。

　その理由は、そもそも問題の深刻さがわかるような数字を政府の資料ではあえて書かないようにしているからです。たとえば、内閣府が発表する「中長期の経済財政に関する試算」（2015年7月発表）では、2023年までの予測しか書かれていません。これはたかだか8年先までの財政状況を示すものですが、その間は、財政の悪化が顕著に進むわけではありません。

　詳しくは後で示しますが、本当は、10年以上先に、深刻な問題が発生するのです。10年以上先に予想される困難な問題にはなるべく触れず、議論することすら避けようとする傾向が、残念ながら日本の（大人）社会には広がっているわけです。

1.2　本章の論点

　この章では、まず日本の財政がどれほど深刻な状況になるか、2060年

頃までの長期試算を概観し、具体的な数字を挙げて、議論したいと思います。政府が借金を返済するためには、返済用の資金を得るために税収を増やす（増税）か、行政サービスや公共事業などの歳出を減らす（歳出削減）しかありません。もしもこのまま増税も歳出削減もできなければ日本経済になにが起きるかを（やや大胆な仮説も交えて）予想したいと思います。あらかじめまとめると、この章の結論は次の3点に要約できるでしょう。

　1）日本の財政を将来にわたって持続可能なものにするためには、**現在の消費税率にさらに約30％の税率を加えるのと同等の規模で、政府の財政収支を改善する必要があります**。また、財政収支を改善するためには、増税によって政府の収入を増やすか、あるいは歳出削減によって政府の支出を減らすことが求められ、その規模は極めて大きくなることがわかります。

　2）この数字は、日本の経済成長率（実質）が2％程度に回復するベストシナリオを前提としているものなので、**日本の経済成長が大きく回復しても、増税または歳出削減を、大きな規模で実施しなければならないことがわかります**。

　3）財政収支を大幅に改善するための**財政改革が実現できなければ、インフレ率や金利が高騰し、物価が何倍にも達するような経済破綻が発生する可能性が高くなります**。そうなると、高齢者や社会的弱者を中心に国民の健康と福祉に大きな損害が発生するかもしれません。

　若い読者の皆さんにとっては、20年先または30年先に国民生活に深刻なダメージを及ぼすと考えられる財政問題は、一生、逃げることのできない問題です。この問題に対してどのように向き合うにしても、まず、問題のスケール感をつかむことは必要不可欠です。この章では、財政問題の長期的な性質とスケールについて、できるだけ正確な知識を得ることを目指します。

2 日本の財政の持続性

2.1 日本の財政の現状

　日本の公的債務（政府の債務と、都道府県などの地方自治体が借りている債務の合計。債務とは簡単に言うと借金のこと）は、測り方にもよりますが、現在、1,000兆円を超えています。公的債務は、2015年時点で、国内総生産（GDP）の230％程度に達しています。

　図6-1は、公的債務比率（公的債務額をGDPの額で割った比率）の推移を示しています。20年前には100％を切っていた債務比率は年々増加し、2015年時点で、230％程度にまで達し、さらに上昇しつつあります。20年も債務がこのように増え続けている国は他にありません。

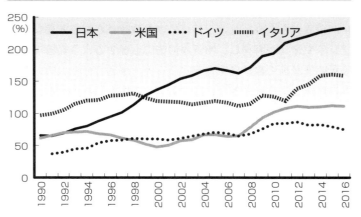

図6-1 ●公的債務比率（粗債務）の国際比較

（出所）OECD Economic Outlook (June 2015)

第二次世界大戦後の1946年、焼け野原となった日本は戦時中に積み上げた膨大な債務に苦しんでいましたが、その年の公的債務比率がちょうどGDPの230％程度でした。現在の債務比率もそれと同程度ですから、いかにその額が大きいかということがわかると思います。

ところで、政府が借金をするときには、借用証書として国債を発行します。「政府から国債を買う」ということは、「政府にお金を貸す」ということと同じなのです。国債には借金の返済期限（国債の償還期限と言います）が書かれていて、その期限が来ると国債を持っている人に国債の額面に書かれた金額が返済されます。これが政府による借金の返済にあたります。

償還期限が到来していない国債は、市場で売買される対象となります。期限が来れば決められた額のお金を支払ってもらえる権利を示す証券（このような証券を「債券」と言います）だからです。

政府の債務が大きいと言っても、政府は資産も持っています。資産を持っているという意味は、「貸し出しをしている」ということとほぼ同じ意味です。政府は借金をしていると同時に、貸し出しもしているのです。

たとえば、100万円借金をしているAさんが、Bさんに70万円貸し出しをしているとすると、Aさんの本当の債務負担の大きさは100万円 − 70万円＝30万円になります。これと同じように、政府が債務と資産を両方持っているときは、本当の債務負担の大きさは、債務から資産を差し引いた残高である**「純債務」**であらわされます。

次ページの図6-2では、政府が所有する金融資産を差し引いた純債務の国際比較を示しています。ちなみに、資産を差し引く前の債務額のことを**「粗債務」**と言います（図6-1は、この粗債務をGDPで割った比率を国際比較したものでした）。

図6-2を見ても、日本の純債務は150％に迫り、先進国で最悪の水準に

あることは一目瞭然です。

マーストリヒト条約で決められたヨーロッパ連合（EU）の加盟基準では、ある国がEUに加盟するためには粗債務で測った公的債務残高をGDPの60%以内にすることが義務づけられています。これは、60%が「健全財政」の目安だからです。その点、日本の粗債務は、基準となる60%の3倍以上に達しています。

さらに、諸外国では債務比率が短期的に多少の増減はあるものの、長期的にはほぼ一定しています。それに対し、日本の債務比率は20年以上にわたって増加傾向にあることも問題です。このままでは債務比率が無限大に増加してしまうことは明らかです。

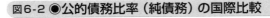

図6-2 ●公的債務比率（純債務）の国際比較

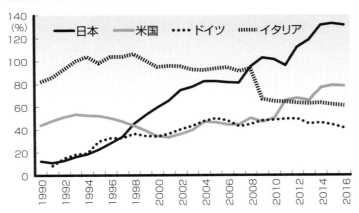

（出所）OECD Economic Outlook (June 2015)

2.2 日本の財政が破綻する日

では、こうした財政状況を改善するには、どのくらいの増税や歳出削

減をすることが必要なのでしょうか。

政府の公式発表ではありませんが、実は、財務省が開催する審議会（政府が学者や企業の意見を聞くために設置する定期的な意見交換会）の事務局が公表した長期試算があります。次の図6-3は、2014年4月28日に財政制度等審議会財政制度分科会（財政審）で報告された「我が国の財政に関する長期推計」のグラフです。

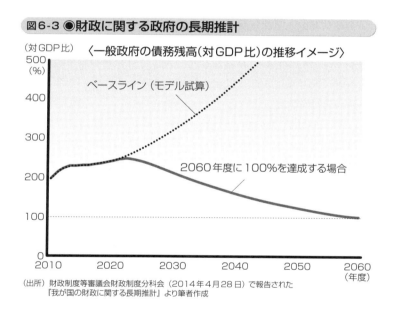

図6-3 ●財政に関する政府の長期推計

（出所）財政制度等審議会財政制度分科会（2014年4月28日）で報告された
『我が国の財政に関する長期推計』より筆者作成

図6-3は、約50年先の2060年までの公的債務比率の長期予想を示しています。この計算結果は、正確には政府ではなく審議会の事務局が作成したものですが、審議会事務局とは財務省の中にあり、財務省の官僚が実務にあたっていますので、事実上、この計算結果を出したのは財務省（の職員）です。ここには、財務省の研究者が、公表データを基に長期

予想した結果が示されているのです。

　ベースラインの点線は、このまま財政の改革が進まず、現状維持が続いた場合に、政府の債務残高がGDPの何％になるかを示したものです。現状では日本の名目金利はほぼゼロですので、2020年頃までは、国債の残高が増える度合いは大きくありません。確かに図6-3を見ても、2020年頃までは債務比率は現状からあまり変化していません。

　ところが、予測では、2020年頃を過ぎると日本経済は２％程度のインフレを伴った健全な状態になると仮定されています。

　少し考えてみましょう。ある人が借金をしたとき、その人は借りたお金に利子を付けて返さなければなりません。それは政府も同じです。そう考えると、利子（または金利）が大きくなると、政府の債務負担も大きくなるわけです。

　また、もし日本経済が２％程度の健全なインフレが続く状態になれば、名目金利は上昇するはずです。なぜなら、名目金利に関して、

名目金利＝インフレ率＋実質金利

という関係が成り立つのですが、ここで実質金利の長期平均は経済成長率を少し上回る数字になると考えられるからです。すると、

名目金利＝インフレ率＋経済成長率＋α

と考えることができます。

　国債の金利は市場の金利と連動しますので、経済が健全な状態になれば、そのときには、国債の金利も現在のような１％未満の状態が続くはずはなく、２〜４％程度に上昇しているはずです。すると巨額の国債残高が、利子によって雪だるま式に増加するプロセスが始まるのです[1]。

　つまり、利子が利子を生む膨張プロセスに入り、2050年には債務比率

500％（現在のGDPを基準にすると約2,500兆円）を大きく超えることが予想されるわけです。

しかし、現実には債務比率が500％になることはおそらくあり得ないでしょう。

なぜなら、債務比率が約300％を超えると国債発行額が国内にある預貯金の総額を超えてしまい、国内には国債を買ってくれる人がいなくなってしまうからです。こうなると、海外の投資家が買い支えてくれなければ、日本国債の買手がいなくなって、国債価格は暴落することになります。誰も買わないモノの価格は下がるしかないからです。

では、海外投資家が日本国債を買い続けてくれるでしょうか？　日本政府が財政再建を実行しなければ、海外投資家が日本政府を信用して国債を買い続けることはないでしょう。このように考えると、国内の資金で国債を買い支えられなくなった時点で、早晩、日本国債の買手はいなくなると考えるべきでしょう。

つまり、図6-3のベースラインの点線は、**「債務比率が300％から500％に至るまでの途中で、なんらかの形で財政破綻が起きる」**ということを暗黙のうちに物語っているのです。

2.3　財政破綻を回避する方法はあるか

これに対して、図6-3の実線は、2060年に債務残高をGDPの100％に抑え込むように改革を実施して、財政収支を改善したときの債務残高の推移を予想したものです。実線は、2020年代半ばから毎年の財政収支をGDPの14.05％改善した場合の債務比率の推移をあらわしています。

GDPの14.05％とは約70兆円です。2015年現在で、日本政府の国家予算（一般会計予算）の規模は年間約100兆円ですから、**もしもこの財政収支改善を予算削減によって達成しようと思ったら、国家予算を約70％も削減することが必要なのです。**

70兆円分の財政収支の改善を、消費税の増税によって達成するとしたらどうなるでしょうか。消費税率を１％上げると、２兆円強の税収が得られることがわかっています。単純計算すると、70兆円分の税収増を実現するためには、現在の消費税率にさらに約30％の税率を加えなければならないことになります。つまり、図6-3の実線が示す債務比率の推移は、消費税を税率38％（＝８％＋30％）程度に恒久的に引き上げた場合のケースを示していると考えてよいわけです。

ちなみに、債務残高をGDPの100％に抑え込もうとした場合は上記のようなことになるわけですが、もし最終的な債務残高をGDPの200％にする、または300％にするとしたらどうでしょうか。最終的な債務残高が大きくてよいなら、あまり厳しい増税や歳出削減をしなくてよいのでしょうか。つまり、財政再建はもっと楽にできるのでしょうか。

実は必ずしもそうとは限らないのです。最終的な金利が経済成長率よりも高くなるとすれば、債務残高がGDPの200％（300％）のときは、債務残高がGDPの100％のときに比べて、金利支払いの負担が２倍（３倍）になるからです[2]。

最終的な金利支払いが大きくなると、政府はその分を増税するか他の財政支出をカットしてお金を作る必要が出てきます。すると結局、国民生活はもっと苦しくなるかもしれないのです。

要するに、ここで述べた厳しい財政再建を逃れる妙案があるわけではない、ということなのです。

経済成長だけでは財政問題は解決できない？

3.1　世代重複モデルによる日本の財政のシミュレーション

「現在の消費税率に約30％もの税率を上乗せする」「国家の予算を70％もカットする」といった大きな政策変更を行えば、それに反応して家計や企業の経済活動が収縮し、経済が厳しい不況に陥ってしまうかもしれません。このように政策変化に反応して家計や企業の行動が変化する効果まで正確に含めた計算をするためには、**「一般均衡モデル」**という経済モデルを作ってシミュレーションをする必要があります。

そのようなシミュレーションのひとつとして、元東京大学教授で現在はアトランタ連邦準備銀行のエコノミストのR・アントン・ブラウン氏と南カリフォルニア大学のダグラス・ジョインズ教授による日本財政の研究があります（Braun and Joines [2014]）。彼らは、**「世代重複モデル」**と呼ばれる枠組みで、今後200年以上にわたる日本の人口変化を再現したモデルを作り、税制や社会保障制度なども現実的な仮定に基づいて、日本の経済と財政の変化をシミュレーションで示しました。

世代重複モデルとは、毎年新しい世代が生まれ、その世代が成長し、年老いて、死んでいく、という人間のライフサイクルを再現した経済モデルです。ある一時点をとると、若年世代と老年世代が重複して存在していることから、世代重複モデルという名がついています（ブラウン氏らのモデルは、もっと世代の区分を細かくして、現実に近づけています）。

ブラウン氏らの論文では、今後の技術進歩率を2％と仮定し、インフレ率も2％が長期的に続くと仮定しています。そして、消費税の増税だけで公的債務の対GDP比率（公的債務比率）を200年後に100％にするというターゲットを達成するシミュレーションを行いました。すると、

「消費税率を半世紀にわたって約40％程度にし、その後は徐々に引き下げて200年後には20％程度で安定させる」という政策が必要である、という結果が出ました。

3.2 経済成長・物価上昇は財政再建の最低条件

　ブラウン氏らのシミュレーションは、前述した財政審事務局の試算結果とほぼ整合的な結果であると言えます。さらにここで注目すべき点は、「技術進歩率２％、インフレ率２％」という経済状態を仮定している点です。これは、日本の経済政策が順調に成功して、健全な状態になることを意味しています。しかも、家計や企業が消費税の増税に対してどのように反応するかという点も、モデルに組み込まれています。つまり、彼らのモデルでは、日本が大不況にならないようにしながら消費税を徐々に増税していくシミュレーションが記載されているのです。

　ちなみに、米英では、過去100年程度の経済成長を均してみると、１人あたりの経済成長率はだいたい２％です。これは技術進歩のペースをあらわしています。つまり、安定した先進国の技術進歩率は歴史的に見て２％程度と言えるのです。したがって、どれほど経済政策が成功しても年２％を大きく上回るような技術進歩と経済成長（たとえば実質４％成長など）を長期的に実現することはほぼ不可能です。

　また、日本銀行は「異次元の金融緩和」と呼ばれる金融政策を、２％のインフレを長期的に達成することを目標として実施しています。日本では20年もデフレが続いています。日銀は物価の安定を目的に金融政策を行いますから、物価が下がるデフレも好ましくありません。今の日銀はデフレ脱却を最大の目標として異次元緩和を続けているわけです。ブラウン氏らのシミュレーションは、異次元緩和も成功したことを前提にしています。

　「２％経済成長（技術進歩）、２％インフレ」の前提は、日本の経済政

策が成功したことを意味しています。それを前提にしても、**消費税率30％分の財政収支の改善を、増税か歳出削減によって実現する必要がある**。このことをブラウン氏らのシミュレーションは示しているのです。経済成長とインフレだけでは、財政は持続可能にならないのです。

4 財政再建ができないと なにが起きるのか

▌ 4.1　現在の日本の政策の先にはなにが起きる？

　財政再建ができないままで、日本経済に円安とインフレの傾向が定着したら、経済は急激に不安定化する恐れがあります。

　これまで、日本国債は安定的に市場で売買され、その結果として金利は低水準で安定していました。なぜ日本国債が投資家に好まれたかというと、それは過去数十年にわたって長期的に円高が進み、デフレが定着していたために、海外資産や外貨建て資産に比べて、円建ての日本国債の方に投資魅力があったからです。

　つまり、円高ならばドル建てよりも円建ての資産の方が魅力的ですし、デフレなら、物価が下がるので国債の価値はその分だけ上昇します。いかに低金利であっても、デフレや円高という環境が続いていたので、日本国債は十分に魅力的な投資対象だったわけです。

　ところが日本の経済政策が目指している方向は、円安傾向とインフレを長期的に定着させることです。この目標が達成されれば、日本国債が魅力的な投資対象であることの前提が崩れてしまいます。

　ここで公的債務の債務比率がどのように変化するかを見て、今後のリスクを考えてみましょう。政府の財政収支の中で、「国債の利払いや元本の返済を除いた政府支出」と「国債発行収入を除いた政府収入」の収支のことを「**プライマリーバランス（基礎的財政収支）**」と言います。もう少し簡潔に言うと、**プライマリーバランスとは、「国債に関わる費用や収入は除いて計算した政府の収支」**のことで、近年の日本はこれがマイナス（赤字）の状態が続いています。

　債務比率の変化は、名目経済成長率・名目利子率・プライマリーバラ

218

ンスという３つの要因によって決まります。名目経済成長率が大きくな
ると債務比率の分母（名目 GDP）が大きくなるので、債務比率は低くな
ります。また、名目利子率が高くなると、債務がその率で増えますの
で、債務比率は高くなります。さらに、プライマリーバランスがマイナ
スのときは政府の支出が収入を超過しているので、当然、その分だけ新
しい借金をしなければならなくなります。こうして債務比率が増えるこ
とになるのです。

　日本政府は2020年度までにプライマリーバランスをプラスマイナスゼ
ロにすることを目標に掲げていますが、今後、高齢化が進展するので、
高齢者に対する公的年金の支払いや、高齢者医療に関する医療費の支出
がハイスピードで増大します。一時的にプライマリーバランスをゼロに
できたとしても、大きな増税や社会保障費の削減を行わない限り、プラ
イマリーバランスの赤字も増大することになります。

　また、名目金利よりも名目経済成長率が大きければ、債務比率は減少
する傾向になりますが、必ずしも金利が低くなるとは限りません。特
に、円安が続くときに投資家は日本国債よりも外貨建て債券を買いたく
なります。なぜなら、その方がもうかるからです（たとえば、円安が続
く中で、投資家が日本国債かアメリカ国債か選択しようとしているとしま
す。もし名目金利が同じだったら、投資家は円安で目減りする日本国債より
も、アメリカ国債を買おうとします）。すると日本国債の需給が一致する
ためには、円安環境では日本国債の金利が上がる必要があります。

　このように考えると、**金利の方が成長率よりも大きくなる可能性も高
い**とわかります。金利と成長率の長期的な大小関係については、さまざ
まな要因が絡み合う複雑な問題なので、どちらが大きくなるか経済学者
の間にもコンセンサスはできていません。しかし、他の条件が一定なら
ば、「円安が進む方が名目金利は上がる」とは言えるわけです。

4.2　国債暴落、金利高騰、インフレ開始

　プライマリーバランスの赤字が大きくなり、名目金利が名目経済成長率よりも大きい状態が続くと、債務比率が加速度的に増大します。するとなんらかのきっかけで、投資家は「日本政府は債務の返済ができないに違いない」と信じるようになり、大量の国債が一斉にマーケットで売られることになります。国債が投げ売りされれば、国債価格が暴落することになります。

　国債価格の暴落を政府・日銀が放置すれば、次は金利が高騰することになります。それは、国債価格の下落と金利の上昇とは同じ現象と言ってよいからなのです。たとえば、来年100円で償還される国債の価格が今年95円なら金利は約5％（＝〈100円－95円〉÷95円）になりますが、今年の価格が90円に下がれば金利は約11％（＝〈100円－90円〉÷90円）に上昇することになります。このように国債価格の下落と金利上昇は連動しているのです。

　これは国民生活に大きな悪影響をもたらします。国債の金利は、住宅ローン金利や企業の借入金利と連動するので、国債の金利が上がればそれらも上昇して、不況になってしまうのです。

　金利を抑える（国債価格を高止まりさせる）ためには、誰かが国債を買うしかありませんが、民間の投資家は、国内外問わず、国債の売手に回るため、マーケットでは日本銀行しか国債を買える主体はいなくなっています。日銀は、国債価格の下落を放置して不況が発生するのを傍観するというわけにはいきません。不況を防止することが日銀の重要な存在目的だからです。すると、日銀には国債を買い支えて低金利を続けるしか選択肢はなくなるのです。

　結局、なにが起きるのかというと、インフレ傾向の経済の中で、**日銀は国債を無制限に買い続け、国債と引き換えにマネー（日本銀行券）を市場に放出し続けることになります。**

国の借金と財政再建　第6章

　すると今度は、市場に大量に放出されたマネーが、インフレを加速させてしまいます。もともと、緩やかなインフレが始まれば、人々はなるべくマネーを財や実物資産（土地など）に換えようとします。インフレのときに現金を持っていると、現金の購買力（現金と、財やサービスとの交換比率）が低下するから、早く現金を手放したいと思うからです。そこに、日銀から大量のマネーが供給されれば、インフレ率は急速に上昇せざるを得なくなるのです。

4.3　インフレが国民生活に与える影響

　財政再建が進まないまま国債への信認が失われ、日銀が国債の買い支えに追い込まれてインフレ高騰が止まらなくなったら、どうなるのでしょうか。そうなると最終的に経済がどうなるかは理論的に明らかではありません。しかし、非常におおまかな予想を立てることはできます。

　カギは、「経済学的にはインフレは課税の一種である」ということです。インフレが起きると、現金や銀行預金の購買力が目減りし、その一方で、債務の実質的な負担は軽減されます。そのため、経済学的には、インフレとは資産保有者（すなわち債権者）から債務者へ所得を移すこと（所得移転）なのです。

　通常は、家計が債権者で、政府と企業は債務者なので、インフレが起きると家計から政府と企業への所得移転が起きます。また、全般的に見ると老年世代が債権者で、若年世代が債務者なので、インフレが起きると老年世代から若年世代への所得移転が起きます。

　インフレとは、債権者の持つ資産が目減りするという意味において、まさしく資産課税なのです（ちなみに、事前にインフレが起きると予想されていた場合は、このような所得移転効果は起きませんが、ここでは、「予想を超えたインフレ」が起きた場合を想定しています）。

　現在の日本のように政府債務が膨れ上がった国においては、国会で適

正な政治的手続きを踏んで増税と歳出削減を行うことができなければ、いずれ国民の合意なしに高い率のインフレという課税が、市場の暴力によって、課せられてしまうわけです。こう考えると、少なくとも政府債務が持続可能な状態になるまでインフレ率は上がるだろう、と考えられます。

現在の政府債務は約1,000兆円。持続可能な政府債務がEUの加盟基準（GDPの60％）だとすると、日本の場合、持続可能な政府債務は約300兆円です（日本のGDPは約500兆円なので、500兆円×60％＝300兆円）。今1,000兆円の政府債務が、インフレによって実質的に300兆円の価値にまで目減りするためには、物価が３倍以上になることが必要だと言えます（1,000兆円÷300兆円＝3.33倍）。

さらに、インフレ時には金利も抑えきれず高騰する場合もありますし、そうなれば政府債務は金利負担のためにさらに膨らみます。すると政府債務の価値を300兆円にするためには、さらに物価が上昇しなければならなくなります[3]。

このようなインフレの高騰が起きれば、消費税の税率を30％分増税するのとは比べ物にならないダメージを国民生活にもたらすでしょう。経済は混乱し、企業も大量に倒産し、失業が多発します。多くの国民の日常生活は立ちゆかなくなり、公的医療や社会福祉の制度を変えようとしてもインフレのスピードに追いつかず、高齢者や社会的弱者がそのしわ寄せを受けることになるでしょう。

2001年にアルゼンチンが財政破綻したときには、公的医療制度が崩壊し、貧困層を中心に、多くの人が適切な治療や投薬を受けられず、助かるはずの多くの命が失われたと言われています。1991年のソビエト連邦崩壊で、経済と社会保障制度が混乱したロシアでは、90年代半ばに国民の平均寿命が男性で約６年、女性で約３年も短くなりました。インフレが日増しに進むような混乱状態になれば、同様のことが日本で起きないとは限りません。

5 まとめ

　この章で紹介した長期試算などから、日本の財政の現状は、明らかに持続不可能だとわかりました。もし現状が放置されれば、物価が2倍、3倍になるような高率のインフレが発生する可能性も否定できません。そうなれば財政破綻したアルゼンチンやロシアの例が示すように、日本国民の健康な生活も大きな危険にさらされるかもしれません。

　それを避けるためには財政を持続可能な状態にする必要があり、歳出の削減と歳入の増加によって、消費税率約30％分に相当する額（約70兆円）の財政収支の改善を実現することが必要なのです。

　しかし、この金額は、増税だけで対応できる額をはるかに超えています。**増税だけでなく、増え続ける社会保障関係費を大幅に削減することも不可欠です。それには公的年金や公的医療制度の抜本的な改革によって社会保障支出を大幅に削減することが必要**です。

　もし歳出削減と増税によって財政収支を改善することができなければ、高率のインフレという市場の暴力によって、国民の政治的な合意もなしに、事実上の増税が実施されてしまう可能性が高まると思われます。インフレは金融資産に対する課税だからです。

　まだ経済が安定している今のうちに税や社会保障を改革して、社会的弱者を守りながら、なるべく少ない犠牲で財政収支を改善するか、それとも、高齢者や社会的弱者に非常に大きな負担をかけるインフレという形で財政収支の改善を強制されてしまうか。その選択に私たちは直面しているのだと言えるでしょう。

［注］

1 ただしこの議論は、後述するように、名目利子率が名目経済成長率よりも大きいことを想定しています。

2 ここでは、金利が経済成長率よりも高いと仮定しました。それは本当に正しいのでしょうか？ 理論的には、金利は経済成長率よりも高くなるはずだと言えます。しかし、現実の日本のデータでは、金利と経済成長率は非常に近い時期もかなりありました。そのため、日本で金利と経済成長率のどちらが高いのか、という問題は経済学者の間でも合意ができていない難しいテーマなのです。

3 インフレと金利上昇の相乗効果が続けば、最終的に物価が数十倍以上に高騰する可能性も否定できません。たとえばブラジルでは1993年に2,500％のインフレが起きましたが、その原因はインフレと金利上昇の相乗効果だったと考えられています。

第7章

少子高齢化と
社会保障・
税一体改革

要旨

☞少子化と高齢化の進展は、労働力人口の減少やそれに伴う経済成長率の低下、高齢者のための社会保障費の増大などを通じて経済に大きな影響を与える。

☞結婚している女性が産む子どもの数は、長期にわたってほぼ2人という水準が維持されている。一方、未婚率は上昇傾向にあり、このことが出生率低下の原因となっている。

☞出生率を回復させるためには、保育サービスの充実などの子育て支援策の充実や多様な働き方を可能にする柔軟な労働市場の整備と併せて、結婚しやすい環境の整備を進めていくことが重要である。

☞高齢化に伴う人口構成の変化に応じて年金支給額を改定する仕組みとして「マクロ経済スライド」が導入されているが、有効に機能していない。

☞消費税の増税は、現在の退職世代と現役世代の間の格差を拡大させる可能性がある。また、消費税の社会保障財源化は、毎年度の予算編成を拘束する有効なコミットメント（約束）とはならない。

☞退職世代と現役世代の間の給付と負担のバランスを維持し、社会保障制度を持続可能なものとしていくためには、年金の給付や医療・介護サービスの適切な見直しが必要である。

1 人口減少と少子高齢化が 経済・社会に与える影響

　今、日本は人口減少と少子高齢化という大きな問題に直面しています。日本の人口は、総人口については2008年の1億2,808万人、日本人人口については2010年の1億2,638万人をピークとして減少に転じ、ここ数年は毎年20万人超のペースで人口減少が進んでいます。最近の出生数（1年間に生まれた子どもの数）は100万人程度（2015年は100.8万人）ですが、これは第2次ベビーブーム（1971～1974年）のピーク時の出生数（1973年の209.2万人）の半分以下の水準となっています。

　このように少子化が進展する一方、平均寿命が大幅に伸びたことから高齢化が急速に進展し、高齢化率（65歳以上人口の総人口に占める割合）は25％を超える水準で推移しています（2014年は26.0％）。出生数の減少と平均寿命の伸長によって、4人に1人が高齢者という超高齢社会が出現したということになるのです（図7-1）。

　このような人口減少と少子高齢化は、経済や社会のさまざまな側面に大きな影響を与えています。そのひとつは、生産年齢人口（15～64歳人口）の減少とそれに伴う労働力不足の問題です。現時点の労働力人口（年齢が15歳以上で、労働する意思と能力があり、現に就業している人〈就業者〉と求職中の人〈完全失業者〉を合わせた人口）は6,587万人（2014年）で、10年前と比べて60万人程度の減少にとどまっていますが、今後、生産年齢人口の減少が続いていく中で労働力不足が深刻な問題となる可能性があります。ここ数年、団塊世代（第1次ベビーブーム〈1947～49年〉あるいはその前後の時期に生まれた世代）が退職時期を迎える中、景気回復に伴う求人数の増加もあって労働市場の需給が逼迫しています。このような状況は、今まさに労働力不足の問題が生じつつあることのあらわれと言えるでしょう。

少子高齢化と社会保障・税一体改革　第7章

図7-1 ●日本の総人口と人口構成の推移

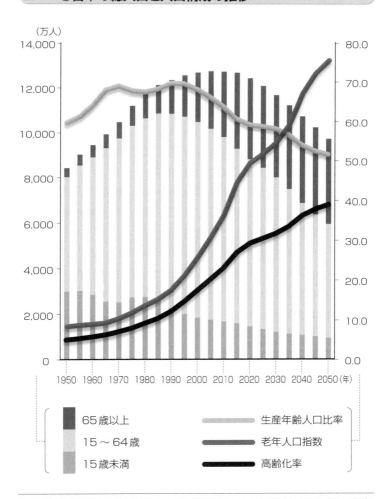

(出所) 総務省『国勢調査』、国立社会保障・人口問題研究所『日本の将来推計人口（2012年1月推計）』より筆者作成
(注) 2010年までは『国勢調査』に基づく実績値、2015年以降は『日本の将来推計人口』に基づく推計値

このような動きをマクロ経済の視点から捉えると、労働力人口の減少は潜在成長率の低下をもたらすことになります。生産活動に投入される労働力が減少していくと、その分だけ潜在GDPが低下することになるためです。

　人口減少と少子高齢化がもたらすもうひとつの問題は、人口の高齢化に伴う財政負担の増加です。公的年金（国民年金・厚生年金）は、高齢者の暮らしを支える重要な収入源となっていますが、公的年金の支給額の一部は国庫負担（国による資金の拠出）によって財源が確保されています。また、高齢者向けの医療・介護サービスの提供にも、本人の窓口負担や保険料による負担と併せて公費（国と自治体による資金の拠出）による負担がなされています。**高齢者向けの年金・医療・介護の費用は、高齢化が進展するにつれて増加していくことになりますから、それに伴い財政負担も増加していくことが見込まれます。**

　人口減少と少子高齢化に伴うこれらの問題を解決するための方策については、2つのアプローチの仕方があります。ひとつは人口減少をもたらす原因となっている出生率の低下を解消するための政策対応、すなわち**少子化対策の充実**を図ることです。もうひとつは、少子化の進展を前提としたうえで、その下でも経済や社会の活力が維持されるように、**公的年金をはじめとするさまざまな社会制度の見直し**を行うことです。

　この2つのアプローチは、どちらがより重要ということではなく、ともに取り組んでいくことが必要なものです。以下では、まず少子化の現状と少子化対策の方向性について点検を行った後、公的年金を具体例として高齢化への対応策の方向性について考えてみたいと思います。

少子高齢化と社会保障・税一体改革　第7章

2 少子化の現状と少子化対策の方向性

2.1 出生率の動向

　少子化の現状を確認するために、まず出生率の長期的な動向を見てみることにしましょう（図7-2）。

　合計特殊出生率は、15歳から49歳までの女性が1年間に出産した子どもの数（出生数）を基に、1人の女性が一生のうちに産む子どもの数を仮想的に算出した出生率の指標です。

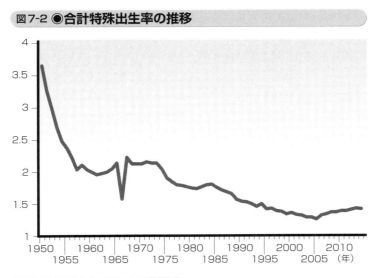

図7-2 ●合計特殊出生率の推移

（出所）厚生労働省『人口動態統計』より筆者作成

日本では戦後まもなくベビーブームが訪れ、当時の合計特殊出生率は4を超える水準となりました。この第1次ベビーブームの後、1950年代半ばにかけては出生率の急速な低下が生じ、出生率は2をやや上回る水準となりました。

　その後は下げ止まっておおむね人口置換水準（長期的に見て人口が増えも減りもせず一定となる状態に対応する出生率の水準。1960年代以降は2.1程度）で推移していましたが、1970年代半ばに再び低下に転じ、1975年には出生率が2を割り込む水準（1.91）となりました。

　その後、1980年代前半にはやや持ち直しの動きが見られましたが、1980年代半ば以降さらに低下し、1990年の「1.57ショック」を経て2005年には既往最低の1.26となりました。近年はやや持ち直しの動きが見られ、2013年には1.43まで回復しましたが、2014年には1.42と9年ぶりに前年を下回る水準となりました。

BOX 4 ▶ 丙午と1.57ショック

　1966年の合計特殊出生率は1.58で、その前後の年の出生率（1965年の2.14と1967年の2.23）と比べて著しく低い水準となっています。これは1966年の干支が丙午にあたり、「丙午の年に生まれた女性は気性が激しい」という迷信があることを気にして、この年の出産を回避する動きが広範に見られたために生じた現象です。

　1.58という出生率は、その後20年以上にわたって戦後最低の水準となっていましたが、1990年6月に公表された『人口動態統計』において、1989年の合計特殊出生率が1966年の水準（1.58）を下回る既往最低の1.57となったことが報じられると、このニュースは少子化の進展を象徴するものとして大きな関心を集めました。この出来事は1989年の合計特殊出生率の計数にちなんで「1.57ショック」と呼ばれています。

少子高齢化と社会保障・税一体改革　第7章

　このような出生率の低下は、ベビーブームとその終了による出生数の変動を伴いつつ、長期的には人口の減少をもたらすことになります。戦後の出生数の動向を見ると、第1次ベビーブームのピークには269.7万人（1949年）、第2次ベビーブームのピークには209.2万人（1973年）であった出生数は、最近時点では100.8万人（2015年）となっています。

　ここで注目すべきことは、第1次ベビーブームの世代（いわゆる「団塊の世代」）の子どもにあたる世代（いわゆる「団塊ジュニア」）が子どもを持つようになる時期（おおむね1990年代後半から2000年代にかけて）に出生数の顕著な増加が見られなかったことです。このことは、**今後出生率が回復したとしても、かつてのような出生数の大幅な増加を当面は見込めない**ということを意味します。

2.2　少子化の原因と適切な対応策

　1990年の「1.57ショック」を契機として、出生率の低下が大きな注目を集めるようになり、少子化対策としてさまざまな取り組みがなされてきました。2015年には新たな「少子化社会対策大綱」が閣議決定され、子ども・子育て支援新制度に基づく新たな子育て支援の取り組みも始まっています[1]。

　このような少子化対策の取り組みを効果的なものとするためには、なぜ長期にわたって出生率の低下が続いてきたのかという点についての冷静な分析が必要になります。**出生率はさまざまな経済的・社会的要因によって規定されるものと考えられますが、このうち経済的要因として最初に挙げられるのは、出産や育児に伴うコストの問題です。**

　このようなコストには、子育てにかかる保育や教育などの直接的な費用だけでなく、出産や育児のために女性が仕事を辞めたり、短時間の就業が可能となるよう職場を変えたりすることに伴う間接的な費用も含まれます。出産や育児の期間中に収入が大きく減少したり、キャリアの中

233

断が生じるようなことがあれば、これらの要因は出産の抑制を通じて出生率の低下をもたらす可能性があります。

また、所得水準の低下も出生率の低下をもたらす要因となっている可能性があります。1990年代以降、「失われた10年」というフレーズに象徴されるように長期にわたる経済停滞が続いたことから、若年者の雇用の不安定化（非正規雇用の増加など）が生じました。こうした中で**経済的な制約により結婚や出産をためらう動きが広まり、出生率が低下した可能性が指摘されています**。

このような出生率の低下は、晩婚化・非婚化に伴う未婚率の上昇（有配偶率の低下）と晩産化・少産化に伴う有配偶出生率（結婚している女性のみを対象とした場合の出生率）の低下という2つの要因に分けて捉えることができます。

まず、15〜49歳の女性の有配偶率（結婚している女性の割合）の動向について見ると、1950年代以降低下傾向にあった有配偶率は、1960年代から1970年代初めにかけてやや持ち直しが見られました。その後は再び低下に転じ、とりわけ20代後半と30代前半の女性の未婚率の上昇が顕著となっています。

有配偶出生率については、対象となる年齢階層（15〜49歳）の女性1,000人あたりの出生数が1950年の187.5人から1990年の66.0人にまで低下しましたが、その後は増加に転じ、2010年には79.4人にまで回復しています。また、**完結出生児数**（結婚からの経過期間が15〜19年である夫婦の平均的な子ども数）についても、1970年以降ほぼ2人という水準が長期にわたって維持されています（図7-3）。

これらのデータからわかるように、結婚した女性が産む子どもの数はそれほど減少しているわけではなく、**近年における出生率の低下については、未婚率の上昇が大きな要因となっている**ものと考えられます[2]。

234

少子高齢化と社会保障・税一体改革　第7章

図7-3 ●完結出生児数の推移

(出所) 国立社会保障・人口問題研究所「出生動向基本調査」より筆者作成

　これらの点を踏まえて少子化への対応策を考えると、**待機児童の解消に向けた保育所の整備や、多様な働き方を可能にする柔軟な労働市場の整備**によって、出産に伴うコストを低下させるような政策を着実に進めていくことが有効と考えられます。所得水準の低下によって結婚や出産をためらう動きが広がっているのであれば、**安定的な雇用を確保するための措置や出産・育児に伴う経済的な負担を軽減させるための支援策**を講じていくことが必要になります。

　少子化対策については、すぐに子育て支援と結びつけて議論がなされがちですが、未婚率の上昇が出生率の低下に大きな影響を与えていることを踏まえると、子育て支援策と併せて、結婚をしやすい環境を整備していくことが重要と考えられます[3]。

高齢化の進展と公的年金改革の方向性

　人口減少と少子高齢化に対する対応策として出生率の向上に向けた取り組みを進めていくことは重要な政策課題といえますが、少子化対策が功を奏して出生率が人口置換水準（現在は2.07程度）まで回復したとしても、当面は人口減少と高齢化が進展していくこととなります。こうした中にあって、**高齢化の進展などにより年金や医療などの社会保障給付費は年間２兆円ないし３兆円というペースで増加していくものと見込まれています**（図7-4）。

　この点を踏まえると、人口減少と高齢化が進展した場合でもさまざまな社会制度が持続可能なものとなるよう、現行制度の見直しを進めていくことが必要となります。ここでは公的年金制度の改革に焦点をあて、社会保障制度改革のあり方について具体的に考えてみたいと思います。

3.1　日本の公的年金制度

　日本の公的年金制度には20歳以上のすべての国民が加入する国民年金と被用者（サラリーマン等）が加入する厚生年金があります（2015年9月までは公務員と私立学校教職員が加入する共済年金がありましたが、共済年金は15年10月に厚生年金に統合されました）。

　国民年金の加入者（被保険者）には第１号被保険者（自営業者や学生など）、第２号被保険者（サラリーマン）、第３号被保険者（サラリーマンの妻）という区分があり、このうち第２号被保険者については国民年金（基礎年金）の上に厚生年金が乗る形になっていることから、日本の公的年金制度は２階建てになっているとの説明がなされることがあります（238ページの図7-5）。

少子高齢化と社会保障・税一体改革　第7章

図7-4 ●社会保障給付費の動向

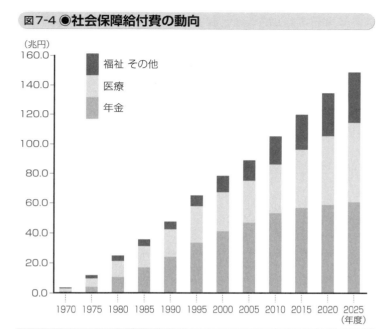

(出所) 国立社会保障・人口問題研究所『社会保障費用統計』、厚生労働省『社会保障に係る費用の将来推計の改定について (2012年3月)』より筆者作成
(注) 2010年度までは『社会保障費用統計』に基づく実績値、2015年度以降は『社会保障に係る費用の将来推計の改定について (2012年3月)』に基づく推計値

　国民年金と厚生年金の受給者に対する年金支給（給付）のための財源は、現在の加入者の保険料などを基にまかなわれています。このように退職世代（高齢者）に対する年金給付の財源が、その時点の現役世代の保険料負担によってまかなわれる年金財政の運営方式は賦課方式と言います。この点に関し、国民年金と厚生年金には200兆円程度の積立金があり、その運用益も年金給付の財源に充てられていることから、日本の年金制度は賦課方式と積立方式の性格を併せ持つ財政方式（修正積立方式）であるとの説明もなされてきました。

237

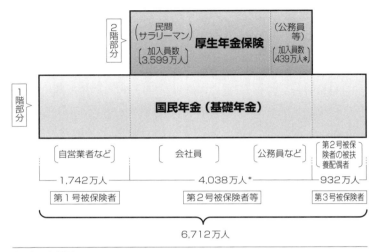

図7-5 ●日本の公的年金制度

（出所）厚生労働省
（注）計数のうち、＊を付したものは2014年3月末、それ以外のものは2015年3月末時点のものである

　また、年金給付の財源が保険料収入によってまかなわれる財政方式は保険料方式と呼ばれますが、基礎年金の給付に要する費用の2分の1は消費税収を財源とする国庫負担によってまかなわれていることから、**実際には保険料方式と税方式の中間に位置する運営方式となっています。**

3.2　年金制度改革のこれまでの経緯

　退職世代に対する年金支給のための財源が、その時点の現役世代の拠出金（保険料）によってまかなわれる賦課方式の年金制度においては、退職世代の人口規模対比で見た場合の現役世代の人口規模が現役世代の保険料負担に大きな影響を与えることになります。

第7章 少子高齢化と社会保障・税一体改革

　退職世代の人口の相対的な規模について、生産年齢人口（15〜64歳人口）を100とした場合の老年人口（65歳以上人口）の規模（老年人口指数）で見ると、2010年の時点で36.1となっており、1人の高齢者を3人の現役世代で支える超高齢社会がすでに到来していることがわかります。この傾向は今後さらに進んで、**2020年には1人の高齢者を2人の現役世代で支えることになると見込まれています**（前掲図7-1）。

　こうした中にあって、退職世代と現役世代の間の給付と負担のバランスを維持し、公的年金制度を持続可能なものとしていくためには、受給者に対する年金の給付を抑制することと、加入者が支払う年金保険料の引き上げなどを通じて、給付のための財源の確保を進めていくことが必要となります。

　そのうち年金給付の抑制策としては、2004年に実施された年金制度改正（平成16年年金制度改正）において**マクロ経済スライド**が導入されました。これは年金支給額の改定の際に、現役世代の人口の減少や平均余命の伸びを考慮に入れた一定の率（スライド調整率）に相当する分だけ支給額を自動的に引き下げる仕組みです（次ページの図7-6）。

　この仕組みの下で年金給付額の改定にスライド調整率がどのように反映されるかは、給付額改定の基準となる賃金や物価が上昇したか下落したか、上昇幅がどの程度の大きさであるかに依存して決まることになります。

　年金支給開始年齢の引き上げも年金給付の抑制に資する措置ですが、この点については1994年と2000年の年金制度改正において、年金支給開始年齢を65歳まで引き上げる措置がとられることとなり、段階的な引き上げが順次進められています。一方、年金保険料の引き上げについては、最終的な保険料水準の上限を固定したうえで保険料を毎年段階的に引き上げていく措置が、平成16年年金制度改正の枠組みの下で実施されています。

図7-6 ●マクロ経済スライドに基づく年金額の改定

賃金（物価）がある程度上昇した場合

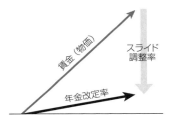

賃金（物価）上昇率 ≧ スライド調整率
⇒スライド調整を行う

賃金（物価）上昇が小さい場合

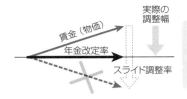

賃金（物価）上昇率 ＜ スライド調整率
⇒スライド調整を行う

（ただし、年金改定率はマイナスとしない）

賃金（物価）が下落した場合

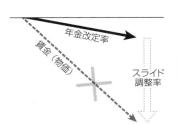

⇒スライド調整は行わない

（出所）第3回社会保障審議会年金部会（2011年9月29日）の資料（『マクロ経済スライドについて』）より作成

少子高齢化と社会保障・税一体改革　第7章

3.3　マクロ経済スライドの実施の遅れ

　人口構成の変化が年金財政に与える影響をマクロ経済スライドによって調整する仕組みは、年金財政の収支均衡に向けて年金給付の水準を自動的に改定する優れた制度ですが、実際の運用においては大きな問題を抱えています。

　ひとつは、2000年度から2002年度までの間、物価下落により本来であれば引き下げなくてはならなかった年金給付の水準が特例法によって据え置きとされたことから、**実際の年金支給額の水準（物価スライド特例水準）が本来あるべき水準（本来水準）を上回って推移し、このためにマクロ経済スライドによる調整が一度も実施されなかった**ことです。

　その後、物価スライド特例水準の解消により、2015年度に初めてマクロ経済スライドによる調整が実施されましたが、10年以上の期間にわたって年金支給額が高止まりしたことは、年金財政にマイナスの影響を与えることとなりました。

　もうひとつの問題点は、**物価や賃金が一定の上昇率に達しないとマクロ経済スライドによる調整が十分になされない仕組みになっている**ということです。現行制度の下では、賃金や物価の上昇率がスライド調整率を上回らない場合には調整が部分的にしか行われず、賃金や物価が下落する場合にはマクロ経済スライドに基づく調整措置が実施されないため、人口動態を反映した適切な支給額の改定がなされません。この結果、所得代替率（現役世代の平均収入対比で見た場合の年金支給額の割合）の高止まりが生じ、**現役世代の勤労収入と退職世代の年金収入の間の適切なバランスが維持できないことになります。**

3.4　消費増税をめぐる２つの誤解

　公的年金の支給や医療・介護サービスの提供のための財源は、全額が

241

保険料収入でまかなわれているわけではなく、その一部については公費（国と自治体の財政措置）による負担がなされています。たとえば、公的年金について言うと、基礎年金の支給のための財源の2分の1は国庫負担（国の財政措置）によって確保されています。このような公費による負担の一部は国債の発行によってまかなわれてきましたが、その負担を税収によって置き換えることが**社会保障と税の一体改革**の大きな目的となっています。

　社会保障と税の一体改革の一環として行われている消費税率の引き上げにおいては、その税収の全額が社会保障財源として利用されると謳われています。また、消費税率の引き上げをめぐる議論においては、世代間格差の是正ということが大きな焦点となりました。

　税収の使途の明確化や公平性の確保は、税負担を求める際に重要な留意事項ですが、ここで注意しておかなくてはならないのは、**「社会保障財源化」や「世代間格差の是正」を担保するような制度的な措置が現時点では十分になされていない**ということです。

　消費税率の引き上げを定めた税制抜本改革法においては、消費税収の全額を社会保障財源化することが規定されています。しかし、5％の引き上げ分のうち社会保障の充実（社会保障関係費の増額）に充てられるのは1％相当分だけで、残りの4％は財政赤字の削減と消費増税に伴う公共事業費などの経費の増加分（公経済負担）の補填に充てられることとなっています。このうち、財政赤字の削減に充てられることになっている分の税収は、結果的に社会保障以外の歳出を増やすことに使われてしまう可能性があります。**消費税収とその使途は区分経理されているわけではなく、「お金に色はつけられない」**というのがその理由です。

　消費税の社会保障財源化は1999年度予算からすでに実施されているものですが、消費税を充てることとされている経費の額が消費税収を上回っている現状では「社会保障財源化」はあくまで名目的なもので、実際の予算編成を拘束する有効なコミットメント（約束）とはなり得ませ

ん。

　また、消費税率の引き上げをめぐる議論においては、世代間格差の是正ということが焦点のひとつとなりましたが、この点についても留意しておかなくてはならないことがあります。それは、**消費税率の引き上げによって現在の退職世代と現役世代（とりわけ若年層）の間の格差はむしろ拡大する可能性がある**ということです[4]。消費税率引き上げに伴う退職世代の負担増については、年金支給額の引き上げによってその一部が補填されるのに対し、現役世代は税率の高くなった消費税をより長い期間にわたって負担しないといけないことになるため、消費増税に伴う税負担が若い世代ほど重くなるというのがその理由です。

3.5　社会保障改革の今後の方向性

　これらの点を踏まえると、公的年金制度の改革については、**低年金者に対する十分な配慮をしつつ、受給者に所得や資産の状況に応じた適切な負担を求め、給付の抑制を通じて現役世代の税・保険料の負担増をできるだけ抑えていくことが必要**ということになります。

　そのためには、マクロ経済スライドをデフレ下でも発動できるようにする制度改正や、所得税における**公的年金等控除**（年金収入のうち一定の算式によって求められた金額を所得金額から差し引く所得税制上の措置）を縮減する税制改正を行っていくことが必要です。

　ここまでは公的年金の問題に焦点をあてて、高齢化に伴う費用負担のあり方について考えてきましたが、高齢化の進展に伴って医療や介護を含む社会保障費全体が今後も大幅に増加していくこととなります（前掲図7-4）。こうした中、医療や介護についても、サービスの充実と併せてなお一層の効率化を進めていくことが大きな課題となっています。

　たとえば、医療費の伸びの抑制については、診療報酬の見直しなどを通じて医療の提供体制の効率化に向けたさまざまな取り組みがなされて

きましたが、地域ごとの医療費の動向を見ると、年齢構成の違いを考慮してもなお大きなばらつきが生じています。この点を踏まえると、地域や医療機関ごとの医療費の動向についての詳細な情報を基に、診療報酬の見直しや受診者の自己負担の適正化などを行うことで、医療費の伸びの抑制を図っていくことが重要な課題と言えます。また、介護についても、人材の確保と併せて負担の適正化を進めていくことが必要です。

　このように、高齢化の進展に伴う財政負担の増加が見込まれる中にあって、社会保障制度を持続可能なものとしていくためには、人口動態と経済環境の変化に対応していくうえで適切な措置を、明確な工程表の下で具体的に実行に移していくことが必要になります。**この工程表の策定にあたっては、年金や医療・介護の給付水準をどの程度とするのか、その費用負担はどのような財源によってまかなっていくのかといった点についての具体的な検討が欠かせません。**

　もちろん、この問題については世代や所得の状況などによって利害が錯綜し、多くの人が合意できる成案を見出だすのが難しいことも事実です。たとえば、戦後まもない時期に生まれ、高度成長期に育ち、就職をして、バブルの時代を謳歌した世代と、1970〜80年代に生まれ、就職氷河期を経験し、今も非正規雇用のまま過ごしている人のいる世代を想起したときに、両者の間でどのような給付と負担のバランスが望ましいかと問われれば、その答えは人によってさまざまということになるでしょう。

　しかしながら、このような給付と負担のあり方をめぐる議論は、今や避けて通ることができないものとなっています。本章で行った論点整理などを基に、それぞれの人がそれぞれの立場でこの問題を考えるとしたら、その答えはどのようなものになるでしょう？

［注］
1 少子化対策のこれまでの経緯の詳細については守泉［2014］を参照の
こと。

2 出生率低下の要因に関する詳細については伊達／清水谷［2004］を参
照のこと。

3 この点については中里［2015］を参照のこと。

4 この点については徳田／風間［2012］を参照のこと。

［参考文献］
・伊達雄高／清水谷諭［2004］「日本の出生率低下の要因分析」ESRI
Discussion Paper Series No. 94、内閣府経済社会総合研究所
・徳田秀信／風間春香［2012］「国民負担の世代間格差と税・社会保障改
革」『みずほ総研論集』2012年Ⅰ号、みずほ総合研究所
・中里透［2015］「出生率の動向と少子化対策の方向性」『ニッセイ年金スト
ラテジー』Vol. 227、ニッセイ基礎研究所
・守泉理恵［2014］「1990年以降の日本における少子化対策の展開と今後の
課題」IPSS Working Paper Series（J）No. 10、国立社会保障・人口問
題研究所

第8章

地方創生と
規制改革

要 旨

☞地方創生とは、「地方を元気にするための方策や仕組み作り」であり、まずは「生産性」を高めることが最も重要である。

☞地方経済が弱っている原因のひとつに、生産性の低い「ゾンビ企業」の蔓延がある。地方経済を元気にするには、ゾンビ企業を市場から退出させ、「新陳代謝」することが必要である。

☞①生産性を高める、②企業の収益を増大させる、③実質賃金を上げる、というサイクルを作り上げることで、産業全体の生産性が向上し、やがて地方経済は元気を取り戻すことができる。

☞生産性を高める方策として、①地域資源を活用した
　高付加価値化（例：六次産業化）、②規制改革（例：
　特区制度）が有効である。

☞「規制改革」（規制緩和）は、生産性を高めるうえ
　で重要であるが、「市場の失敗」を生み出すことも
　あり、常に正しい選択であるとは限らない。

☞「地方創生」において重要なことは、①それぞれの
　地域のよさを活かした独自の方法を見つけ出すこ
　と、②国民の一人ひとりが当事者意識を持つことで
　ある。

1 どうすれば「地方経済」を元気にできるか？

ここまでの章で、皆さんは「日本」経済のことについて考えてきました。しかし、経済というものは、国単位ばかりではなく、地域の単位でも考えていく必要があります。特に近年は、「地方経済」に関する議論が活発になってきています。なぜなら、現在の日本には、元気な地域とそうでない地域があり、地域間格差が生じているからです。

これまでは、政府による分配問題の是正（第2章）によって地域間格差は縮小されてきました。ですが、財政制約が厳しくなり、右肩上がりの経済成長も過去のものとなった今、こうした政策はもはや限界に来ています。これからは地方経済が自立していく必要があり、一つひとつの地域がなにをすべきか、なにができるのかを具体的に考え、行動に移していかなければなりません。

地方創生とは「地方を元気にするための方策や仕組み作り」です。中長期的な日本経済の成長には、こうした「地方創生」の視点が求められます。

地方創生に成功している地域は、次の3つの優位性を持っています[1]。ひとつ目は、地域の強み・弱みを分析して、**地域の強みを最大限に発揮した「差別化」による優位性**です。成功事例の模倣ではなく、いかに独自の「地域らしさ」を活かせるかということです。

2つ目は、**他の地域よりも先行して地域の活性化に着手したという優位性**です。先行することで、未開拓市場のシェアを確立したり、話題性によって知名度の高さを得ることができます。

3つ目に、**地域を牽引する強いリーダーシップの存在による優位性**です。地方創生は、将来的な地域の危機を見据えて行動するリーダーや、「逆転の発想」ができるリーダーによって主導されるべきです。さらに

言えば、これからの時代、こうしたリーダーシップを発揮して地方創生を主導できるのは、「民間企業」ではないかと考えます。自立的な地域を目指すうえで、補助金に頼らない民間の力を活用した地方創生が行われるべきなのです。

　また皆さんは「地方創生」と聞くと、「消滅可能性都市[2]」という言葉を連想されるかもしれません。確かに、「子どもを出産する女性の9割強を占める若年女性（20〜39歳）人口の減少（再生産の低下）と地方から都市への人口移動の結果、2045年に日本のおよそ半数の自治体が消滅する可能性がある」という人口減少に関する議論は、近年、注目を集めています。

　日本全体の人口が減少していくなかで、それぞれの自治体が人口を増やしたいという希望は、現実的には若干の無理があります。たとえば、ひとつのホールケーキを4人で分けるならば、1人あたりのケーキの量は十分です。しかし、ひとつのショートケーキを4人で分けるならば、1人あたりのケーキの量は少なく、取り合いになるでしょう。同じように、自治体間でも減少した日本の総人口の奪い合いが起こることが予測されます。

　また出生率を上げること自体は国全体の長期的な目標ですが、必ずしも人口が増加したからといって、それが「地方創生」とは言えないように思います。

　確かに、人口減少の問題は重要ですが、それ以前に地域がすべきことは他にもいろいろとあります。たとえば、地方企業の再生（生産性の向上や実質賃金の上昇）や地域産業（農林水産業等）の競争力の向上といった課題を達成することも必要でしょう。

　そもそも、地方から都市に人が流れてしまうのはなぜでしょうか。その理由のひとつには、地方企業の実質賃金が低いことが挙げられます。

なぜ地方において実質賃金が高くならないかと言えば、それは企業の収益率が上がらないことが原因と考えられます。収益率が上がらない中で実質賃金を上げることは、企業にとって人件費の増加というコスト負担となり、結果、財務状況を悪化させます。そのため、賃金を上げたくてもなかなか上げることができないという事情があるようです。

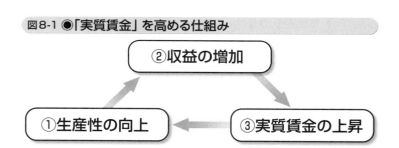

図8-1 ●「実質賃金」を高める仕組み

企業の収益率を上げるには、企業の生産性を引き上げる努力が不可欠です。それができれば、実質賃金を上げることができます。実質賃金が上昇すれば、よりスキルの高い人材を雇用することが可能となり、生産性が上昇します。一つひとつの地方企業が努力して生産性を高められれば、産業全体の生産性を高めることができ、やがて地方経済が元気を取り戻すことができるでしょう。産業の生産性を高めるには、生産性の低い企業に清算・退出を促していくことも必要ですし、規制改革によって競争を促すことも必要です。また、新しいビジネスモデルの構築といったイノベーションも求められます。

本章では、こうした生産性の低い企業の清算・退出について考えていくとともに、地域経済の生産性を高めていくための2つの方策、新しいビジネスモデルとしての「六次産業化」、さらには「規制改革」（規制緩和）、その実験としての特区制度の活用にフォーカスを当て、どうすれば地方を元気にできるのか、その方法について考えていきます。

地方創生と規制改革　第8章

地方企業の生産性の向上・バランスシートの改善

それでは、なぜ生産性を高めることが地方を元気にさせるのか、そのメカニズムについてこれから少し詳しく見ていきましょう。

2.1 ゾンビ企業の蔓延

皆さんは、世界中で大ヒットしている『ウォーキングデッド』というアメリカのテレビドラマを見たことがありますか？『ウォーキングデッド』とは「歩く屍（しかばね）」、つまり「ゾンビ」のことですが、このドラマは、街に大発生したゾンビ、「ウォーカー」から逃れ、自分たちが生き残るために安住できる場所を探し求めて旅をするストーリーです。ゾンビの発生によって、本来、住む権利のある人間が街から追いやられ、ゾンビがあふれた街は荒廃していきます。こうしたゾンビは、現実の市場にも存在しています。

市場における**「ゾンビ企業」**の存在は、地方経済の基盤を脆弱にさせている要因のひとつです。ゾンビ企業とは、**実質的に経営が危機的状況にあるにも関わらず、政府の支援や、地方銀行等の金融機関の融資によって倒産を免れ、なんとか生き延びている企業**を指します。

日本の企業は、約9割が中小企業で占められており、大企業は1割以下にしかすぎません。大企業は主に都市部に集中し、地方経済を支えているのは主に中小企業です。地方の中小企業には優良企業もたくさんありますが、その一方でゾンビ企業も少なくなく、問題視されています。とりわけ、ゾンビ企業は、サービス業などを中心とする非製造業、つまり第三次産業に集中しています。

ゾンビ企業は生産性が低いにも関わらず、法制度によって保護され、

251

地方銀行からお金を借りることができました。ゾンビ企業が、コストの効率化や人員の削減などを実行し、生産性を高めることができれば問題ありませんが、それができなければ、保護の下にまたお金を借り続けることになります。地方銀行にとっては、返してもらえる当てのない貸し出しを増やすことになります。両者のバランスシート（企業の財務状況を資産や負債などであらわすもので貸借対照表とも言います）を見ると、ゾンビ企業の方は返す当てのない負債＝借金を増やすだけ、地方銀行の方は損になるかもしれない資産＝不良債権を増やすだけです。

　放っておけば共倒れになるようなLose-Lose（お互いに損をする）の関係は、銀行に預金をしている立場からすれば、自分のお金が無駄に運用されていることであり、さらに破綻を防ぐために公的資金を注入するなどの支援策がとられるならば、それは社会全体にとっても不必要なコストになると言えます。

　こうした問題を解決するには、ゾンビ企業を市場から退出させ、新陳代謝を高めることが必要です。ゾンビ企業の退出により、ヒト（労働）やカネ（資本）などの資源を健全な企業へと移動させること、つまり、生産性の低い部門（企業）から生産性の高い部門（企業）への資源移動が必要であり、これによって産業全体の資源配分が効率的になります。

　新陳代謝の具体策としては、ゾンビ企業自らが、リストラや株主による規律づけの実施といったコーポレートガバナンス（企業統治）を強化し、バランスシートを健全化させることが有効です。コーポレートガバナンスとは、株主、顧客、債権者、従業員などの企業内外の利害関係者（ステークホルダー）が企業経営が適切に行われているかどうかをしっかりとチェックすることで、企業価値を高める仕組みのことを言います（と言っても、これができないからゾンビ企業になっているわけですが）。

　したがって、健全な企業がゾンビ企業を買収し、経営にテコ入れをすることで、生産性の高い企業に転換させることの方が有効でしょう。

　一方、政府はゾンビ企業を撃退するためになにをすべきでしょうか。

まず、なすべきはゾンビ企業を保護してきた規制・政策を廃止し、競争を促進させることです。

具体的な方法としては、まずゾンビ企業が退出しやすい環境を整える必要があります。これまでゾンビ企業は「退出コスト」の高さから退出することができなかったという事情がありました。たとえば、**「個人保証制度」**という制度があります。これは、企業が倒産する場合、経営者などの個人に保証を求め責任を負わせるというもので、経営者にとっての企業を倒産させるハードルを上げてしまいます。

また、**「信用保証制度」**にも改革のメスを入れる必要があります。この制度は、金融機関からお金を借りられない場合でも、信用保証協会から保証が得られれば別の機関から円滑にお金を借りられるというもので、ゾンビ企業を市場にとどまらせる一因となっています。

一方、市場へ新規参入する「参入コスト」の高さも新陳代謝を鈍らせる要因でした。新規の企業には、オフィスを借りたり設備を購入したり、法手続きを行うなどさまざまな参入コストがかかりますが、自己資金ではまかなえないので、銀行からお金を借りなくてはなりません。で

すが、地方銀行などはゾンビ企業に多くのお金を貸し出しているため、新規の企業にはなかなかお金を貸そうとはしません。このような資金調達の難しさが、新規企業の参入コストを高めているのです。

最後に、これからの**地方銀行のあり方**です。現在、金融庁のテコ入れによって、地方銀行同士が経営統合するなど業界を再編する動きが見られます。そうしたなかで地方銀行には、「地元企業の経営状況を適正に評価し、将来性のあるゾンビ企業は健全なバランスシートに改善させる」「将来性のないゾンビ企業は市場から速やかに退出させる」「新たに創業しようとする企業への資金の貸し出しを増やす」などの役割が求められます。

▌2.2 地方の実質賃金の低さ

一般に都市の企業の方が、地方の企業よりも実質賃金は高い傾向にあります。

これは、**「集積の経済」**による利益を享受しているからです。つまり、人口の集中度が高いほど、地域の生産性が高まり、経済が効率化し、生活の利便性が高まるといった利益が得られるのです[3]。雇用者所得を見ても、約2倍の格差が見られるケースがあります。これだけを見ると、大半の人は都市に住み、働きたいと思うでしょう。

地方で働く人々を、地元に定着させたいのであれば、まずは実質賃金を上げることが必要です。そうすれば、働く人々の意欲（モチベーション）が高まります。賃金の引き上げによって、能力の高い労働者は、「これだけのお給料をもらっているのだから、一所懸命に働こう」という気持ちになります（もちろん、労働者にとっては、賃金以外の職場環境や仕事のやりがいといったことも重要です）。労働者が頑張って働くということは生産性を高めることになり、また企業の離職率を低下させることにもつながります。

地方創生と規制改革　第8章

　反対に賃金が低ければ、労働者は「十分な対価が支払われていない」と不満を感じて働く意欲が削がれてしまうでしょう。そして、能力の高い労働者が徐々に都市に移動することで、地方の企業は「人材不足」に陥るのです。

　労働市場の供給曲線によれば、「人材不足」という労働供給の減少は賃金を上昇させますが、現実の地方企業ではその通りにはなっていません。なぜなら、地方企業は収益を改善できておらず、賃金を上げてしまうと人件費の占める割合が高くなり、結果的に経営が厳しくなってしまうからです。

　繰り返しになりますが、**賃金を上昇させるには、まずは企業の収益性の拡大が必要です。そして、その収益性の拡大のためには、生産性の向上が必要なのです。**

　中でも、多くの地方都市で、**主要産業である農林水産業の生産力の向上は、地方創生を考える上で避けては通れない課題**と言えるでしょう。ここからは、農林水産業の競争力の向上に目を向け、その具体的な方策について見ていくことにしましょう。

255

3 産業構造の転換

そもそも産業は、その内容で分類すると、**第一次産業（農林水産業）、第二次産業（製造業等）、第三次産業（サービス業）** の3つに大別されます。

2015年時点での第一次産業就業者は、日本全国で230万人（3.6％）、第二次産業就業者は1,548万人（24.4％）、第三次産業就業者は4,445万人（70.0％）となっています。

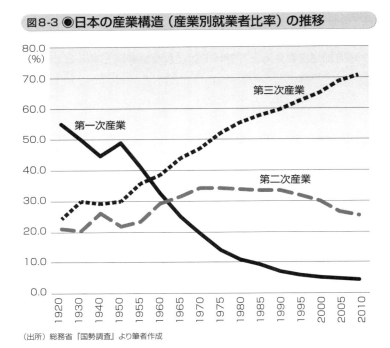

図8-3 ●日本の産業構造（産業別就業者比率）の推移

(出所) 総務省『国勢調査』より筆者作成

256

地方創生と規制改革　第8章

　日本の産業構造の推移を見ると、第一次産業、第二次産業ともに従事者比率が低いことがわかります（図8-3を参照）。これは、経済が発展するにつれ、就業人口の比率や国民所得の比重が、第一次産業から第二次産業へ、そして第三次産業へと移るという**「ペティ＝クラークの法則」**が働いているからです。ちなみに、この産業の移り変わりのことを、経済学においては**「産業構造の高度化」**と言います。

　大半の地方では、第一次産業と第三次産業の比率が高く、どちらの産業も「生産性」が低いという問題を抱えています。ここでは第一次産業である農林水産業に注目してみましょう。

　農林水産業は、担い手の高齢化や後継者不足によって、衰退の一途をたどっています。実は、農林水産業は、全産業の中で最も生産性が低い産業なのです。さらに昨今の貿易自由化に関する議論（TPP協定＝環太平洋パートナーシップ協定に関する交渉）によって、日本の農林水産業のあり方がますます問われてきています（TPP協定については、次の第9章で詳しく説明します）。

　こうした中で、「農林水産業の競争力の向上」は地方創生の重点課題のひとつとなっており、政府はその解決策として、**農林水産物の高付加価値化**によって、輸出額を増やしていく方針を掲げています。まずはこの具体的な取り組みを見ていきたいと思います。

　また、農林水産業の生産性を高めるもうひとつの方策として「規制改革」（規制緩和）が挙げられます。こちらについても、具体策として**「特区」**という事例を説明していきましょう。

農林水産業の「高付加価値化」

4.1 まだまだ未活用の地域資源

　地方を元気にするためには、**市場での差別化を図るよう、その地方の持ち味を活かした「地域資源」の積極的な活用が不可欠**です。地域資源とは、その地域ならではのリソース（産業資源）である特産品や観光名所のこと[4]であり、中小企業庁によれば、以下のような資源が該当します（以下、中小企業庁・ミラサポ〈未来の企業★応援サイト〉より抜粋）。

1　地域の特産物として相当程度認識されている農林水産物や鉱工業品（野菜、果物、魚、木材　等）
2　地域の特産物である鉱工業品の生産に係る技術（鋳物、繊維、漆器、陶磁器　等）
3　文化財、自然の風景地、温泉その他の地域の観光資源として相当程度認識されているもの（文化財、自然景観、温泉　等）

　地域資源の活用においては、①内部と外部の視点、②地域資源の組み合わせ・地域主体間の連携がポイントとなります。
　残念ながら、これといった地域資源がいまだに発見されず、ダイヤの原石をそのまま埋もらせている地域も少なくありません。まずは、地元の人々が地域資源の魅力を再認識し、改めて発掘する作業が必要です。
　しかし、地元の人々だけでは新しいアイディアが浮かばないこともあります。そうした場合、外部者の視点を取り入れることが重要となってきます。たとえば、民間企業やNPO（民間の非営利組織）など外部者の支援によって、生産者が新たな視点から専門的なノウハウを学びなが

地方創生と規制改革　第8章

ら、どのように生産物の付加価値を高められるのか（「高付加価値化」）、どうすれば売れる商品にできるのかを真剣に考えるようになってきています。

　もうひとつ、地域資源の活用において重要な「地域資源をどのように組み合わせるか」について、それには主体者間の連携が必要です。生産者・民間企業・行政・NPO・大学など、さまざまな主体の連携により、地域資源と地域資源の相乗効果（シナジー）が得られ、これまで単独ではできなかったことが実現可能となります。こうしたポイントを踏まえて、以下では地域資源を活用し、農林水産業の競争力を向上させる方策のひとつである「六次産業化」を取り上げてみましょう。

4.2　地域資源を活用した六次産業化

　地域資源を活用し、農林水産業の競争力を向上させるひとつの方策として**「六次産業化」**が挙げられます。六次産業化とは、**これまで生産に集中してきた生産者が、生産だけではなく、その後の工程である加工・販売にも携わることによって、高い付加価値を生み出すこと**です。第一次産業、第二次産業、第三次産業のすべてが関わり合うことから、「1×2×3＝6」で六次産業化と言われています。

　六次産業化が議論されるようになった背景には、生産者の「所得の低さ」が挙げられます。たとえば、1経営体あたりの農業所得は200万〜300万円（農地面積や農作物品種、専業・兼業によっても異なる）、沿岸漁船漁家の平均漁撈所得は190万円と、会社に勤務するサラリーマンの平均給与約400万円強と比較しても、明らかに低いことがわかります。このような事情を踏まえて、所得の向上を目的として六次産業化が全国に広がっていきました。

　生産者の所得は、モノを作るのに生じる費用、産出量、そして価格によって決定されます。これまで生産者は、市場ですでに決められた価格

259

に従う価格受容者（プライステーカー）でしたが、六次産業化により自身が価格決定に影響を与える**価格設定者（プライスメーカー）**になる可能性が出てきます。そうなれば、生産者は多くの利益を得ることができます。

4.3　六次産業化のノウハウと外部連携

しかし、これまで「作ること」（生産）に集中してきた生産者は、「どのように新しい商品を開発すればよいのか」「どのような商品が売れるのか」といった「売り方」、つまり顧客の購買行動をつかむマーケティングに関するノウハウや知識を持ち合わせていません。このため、六次産業化を行いたくても（たとえ生産者にやる気があっても）、足踏みしてしまうケースが少なくありませんでした。

こういったケースは、加工業者（第二次産業）と卸売・小売業者（第三次産業）が連携することで、補完することができます。これは、「農商工連携」と言われ、六次産業化の一形態として考えられています。昨今では、生産者を支援するアドバイザーや六次産業化サポーター、民間企業などの専門家が出現しています。

こういった取り組みには、地域が活性化するように仕掛けを作るプロデューサーや、多様な連携主体の間を調整するコーディネーターの存在が欠かせません。彼らによって、これまでつながっていなかった人と人が新たにつながり、さまざまな地域資源を組み合わせることで、付加価値を高めることが可能となります。

さらに、生産者の中には、支援をしてもらう中でノウハウや知識を蓄積し、ビジネスの視点を持って、別の生産者にアドバイスすることができるようになる人もあらわれています。

このように、外部の力を積極的に活用することで、これまで見えていなかったことが見えるようになり（新しい視点を取り入れ）、今まででき

なかったことができるようになるのです。

六次産業化は、第一次産業を衰退産業から成長産業へ変えていくビジネスモデルに他なりません。つまり、第一次産業をもうかる（収益性の高い）産業へと変えていくことで、雇用を創出し、地域経済を強くする力とするのです。

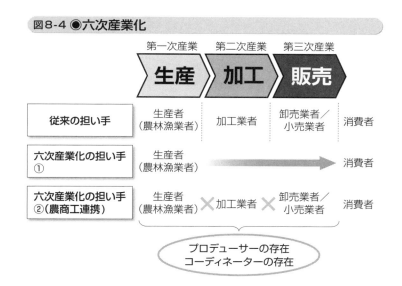

4.4 六次産業化における流通経路

六次産業化を進めるうえで、生産者自身が生産物の流通経路を知らないという問題がありました。なぜかというと、今まで、生産物の流通経路として、農家は農業協同組合（農協）に、漁業者は漁業協同組合（漁協）に卸すことが通例であったため、どこを経由し、誰に売られているのかという、それ以降の流通先を知らない場合がほとんどだったからで

す。

図8-5を見ていただくと、魚は多段階の流通経路を経て、私たち消費者の手元に届くことがわかるかと思います。

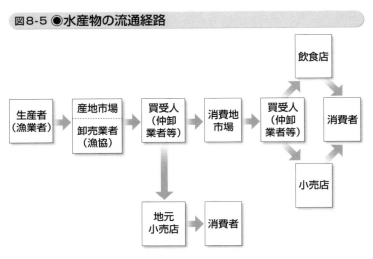

(出所)気仙沼市役所『気仙沼の水産［2014］』より筆者作成

このような多段階の流通経路では、それぞれの中間業者が販売や委託に関する手数料を取るため、生産者から消費者まで関係者それぞれが少ない利益を得ることしかできません。

しかし、その中間段階を省く「中抜き」を行うと、流通経路に関わる人間が少なくなる分、同じ価格で売れた場合でも関係者それぞれの利益は大きくなります。

さらに、究極的な直接販売の形態、つまり生産者が消費者に直接販売する場合には、生産者の利益はより大きくなり、結果的に生産者の所得の向上をもたらします。

地方創生と規制改革　第8章

　また、生産者と消費者の距離が近くなれば、生産者の所得が向上する
だけでなく、「どういった消費者が自分の生産物を買ってくれるのか」
「消費者はどういう商品を求めているのか」という情報を得る機会が生
まれ、「顔の見える流通」が生まれることになります。これは消費者の
利益につながります。

　さらに、こういった流通経路の中間段階が削減されると、「取引費用
の節約」という効果も生まれます。取引費用とは、取引を行う際に生じ
る費用、たとえば取引相手と交渉する費用（交渉費用）、取引相手を見
つける費用（探索費用）、取引相手を監視する費用（監視費用）、取引を
実行する費用（執行費用）などのことを言います。こうした費用が節約
できれば、利益は大きくなります。

　このように、**生産者が流通経路に対してもアプローチしていくこと
は、生産者自身に大きな経済的な力を与えるだけでなく、消費者にも利
益をもたらすことになるのです。**

5 規制緩和と特区

　生産性を高めるもうひとつの方策として、「規制改革」（規制緩和）が挙げられます。規制は、第2章や第5章でも見た通り、必要な場合はありますが、経済・社会環境の変化に応じて、見直していくことが重要となります。

　規制による保護は、保護される市場の既存企業にとっては利益（レント）を生み出しますが、市場の資源配分に歪みを生じさせます。規制を緩和して、競争原理を導入すれば、市場の資源配分の歪みが正され、生産性が向上します。要するに、規制緩和は「市場の新陳代謝を高める」方策のひとつとも言えます。

　規制緩和の具体策のひとつとして**「特区」**があります。「特区」とは、**特定の要件を満たす限定された区域において、法律で特別な措置を講じ、規制緩和を行う経済地域**のことです。

　具体的に示すと、たとえば経済特区には、①「保税特区」（関税・法人税の軽減や減免などの優遇措置により、一定の地域に企業誘致などを促進し、経済活動を活発にする特区）と、②「規制緩和特区」（税制以外の規制のあり方を一定の地域に与えて規制緩和の効果を発揮させ、経済活動を活発にする特区）があります。

　2013年には、国家戦略特別区域法が制定され、持続的な経済発展や産業の競争力を強化することを目的とした「国家戦略特区」を設ける方針を立てました。

　これは、アベノミクス「第3の矢」である「民間投資を喚起する成長戦略」のひとつに位置づけられます。これまでに、東京圏、関西圏を中心とする特定の地域が「特区」に指定され、2015年にはさらに3つの自治体が指定されました。「特区」を設けることで、これまで規制によっ

て保護されてきた産業に大きな風穴をあけ、民間企業の力が存分に発揮されることが期待されます。

以下では、「規制緩和」や「特区」について、より理解を深めるために、①東日本大震災後、全国的に注目を浴びた「水産業復興特区」、②「真珠養殖業」のケースを取り上げます。

ひとつ目の「水産業復興特区」は、規制緩和による民間企業参入によって、生産性が向上したケースです。これとは対照的に、2つ目の「真珠養殖業」は、規制緩和で民営化されたことにより、「情報の非対称性」という市場の失敗を招いたケースです。

5.1　規制緩和で生産性が向上したケース

2011年の東日本大震災によって、宮城県沖の三陸の沿岸漁業は甚大な被害を受けました。その際、県は、漁業者のみによる再建は困難であると判断し、「特区を設けて民間企業の参入を認めるべきである」と考え、県自ら特区申請を行いました。

しかし、その申請に対して漁業協同組合（漁協）からの強い反対がありました。漁村の崩壊と自分たちの利益が脅かされるという強い懸念があったからです。結果、すぐには特区は実施されませんでしたが、県が漁協やさまざまな利害関係者を説得した結果、震災から2年後の2013年4月23日に、復興庁によって石巻市桃浦地区が「水産業復興特区」として認定されました。

水産業復興特区では、漁業者と民間企業の合同出資によって、カキを養殖する「合同会社」が設立されました。果たして、民間企業の参入によって、どのような効果があったのでしょうか？

まず、民間企業が参入したことで、漁場の集約という大規模化がなされ、生産の効率が高まりました。一人ひとりの漁業者が割り当てられた小さい区画でそれぞれ養殖を行うよりも、集約されたひとつの漁場でま

とめて養殖を行った方が、生産効率が高いからです。

　さらに、技術の進歩（経営革新・機械導入による省力化）、雇用の増加（従業員数の増加）、資本の増加（大型設備投資）といったチャンスが生まれたことも、生産性を増加させました。ここでも、民間企業の商品開発やブランド化のノウハウ、取引先の活用などによって、さきほど説明した六次産業化が円滑に行われ、付加価値を高めることで収益性を確保することができています。

　以上の水産業復興特区の事例は、**規制緩和による民間企業の参入により、生産性の向上が実現された成功事例**です。すべての規制緩和がこの事例のようにうまくいけば問題ないでしょう。

　しかし、これから説明する「真珠養殖業」は、規制緩和によって逆に「市場の失敗」が生じてしまった事例です。次は、そこから得られる教訓について考えていきましょう。

▌5.2　規制緩和で「市場の失敗」が生じてしまったケース──

　多くの日本人にとって、真珠は冠婚葬祭の装飾品として馴染みが深いものです。しかし、真珠本来の品質や価値を判別できる消費者は、いったいどのくらいいるでしょうか。多くの消費者は、その本来の価値と適正な価格を知らないというのが、現実であると思います。

　たとえば、ダイヤモンドには、４Ｃ（カラット〈Carat〉・色〈Color〉・透明度〈Clarity〉・カット〈Cut〉）という国際的な品質基準がありますが、真珠の場合にはそうした明確な品質基準はありません。買手である消費者には判断の基準が示されていないということです。このように真珠産業の売手と買手の間には、一方は情報を持っており、一方は情報を知らないという、情報量の格差が存在します。これを**「情報の非対称性」**と言います。これについては、第２章で説明がありましたね。

　日本における真珠の浜揚量は、1960年代をピークとして減少し、衰退

266

の一途をたどっています（図8-6）。その要因には、1999年以降の規制緩和、日本のすべての海で発生した真珠の母貝であるアコヤガイの大量斃死、海外の安価な真珠の台頭などが挙げられます。今回は、こういった背景の中で行われた真珠養殖業の規制緩和について取り上げてみましょう。

かつて真珠の養殖を政府が管理し、市場をコントロールしていた時代には、品質に特定の基準が設けられていたため、それ以下の品質のものが市場に出回ることはありませんでした。しかし、規制緩和によって真珠市場が民営化されてからは、真珠の品質に関する共通の基準が設けられなかったため、「品質＝価格」という図式が崩れて、「市場の失敗」が起こりました。ここから得られる教訓は、**市場にとって規制緩和が常に正しい選択であるとは限らない**ということです。

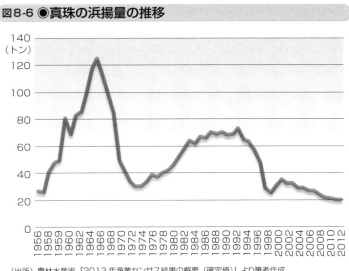

図8-6 ●真珠の浜揚量の推移

（出所）農林水産省『2013年漁業センサス結果の概要（確定値）』より筆者作成

真珠市場において「市場の失敗」がいかにして起きたかを解説するために、まず真珠の品質についてもう少し詳しく触れておきましょう。

　真珠の芯である核に層が巻きついたものが真珠となるのですが、巻きつける期間によって真珠層の幅が変わり、幅の違いにより厚巻、中巻、薄巻と区別されます。厚巻の場合には、長い時間とコストをかけて成長させる必要があり、その分成長するまでの死滅のリスクも高まります。一方、薄巻の場合は、海に生息する時間が短いため、死滅のリスクは小さくなります。このため、品質的には厚巻がよいのですが、養殖業者には薄巻が好まれます。

　海から浜揚げされた真珠は、加工業者によって「お化粧」が施されます。「お化粧」とは、シミがあったり、濃いグレーだったりする浜揚げされたときの真珠を脱色したり、色をつけたりして、美しく見せることです。真珠は、こうしたプロセスを経てはじめて、市場に出回ります。加工技術や加工に対する考え方は、加工業者それぞれで異なります。

　ここで2種類の加工業者がいるとします。「厚巻の真珠を取り扱い、品質の高い製品を作ろうとする加工業者」と、「薄巻の真珠を取り扱い、品質の劣化が早いとわかるものでも、お化粧を施すことによって、『見た目』で品質をカバーしようとする加工業者」です。

　すると市場では、なにが起こるでしょうか。

　消費者は真珠の品質に関する情報を知らないため、加工済みの「見た目」の美しさで判断して購入します。当然人気になり（需要量が高まり）、価格が上がるのは薄巻の真珠の方です。

　そのため、きちんとした加工業者から見れば安くて品質の悪い真珠や、キラキラしているけれども品質の劣化が激しい真珠、また経年変化の激しい薄巻の真珠が高値で取引され、本来よいランクである厚巻の真珠の価格が下がる、ということが起こってしまいます。こうなると、厚巻の真珠の加工業者は市場から相次いで退出し、薄巻の真珠の加工業者ばかりが市場に残ってしまうことになります。

268

地方創生と規制改革　第8章

　またこの現象は、「情報の非対称性」のひとつである**「逆選択」**によっても説明することができます。

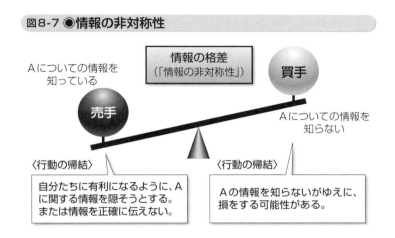

図8-7 ●情報の非対称性

　まず、「情報の非対称性」とひと口に言っても、それが「取引前」に存在する場合と「取引後」に存在する場合とでは、結果に違いが生じます。

　取引前に「情報の非対称性」がある場合には、売手は自分に有利になるように、正確な情報を伝えません。つまり、「隠された情報」があり、品質を調べるのには費用がかかるため、多くの場合、買手はその情報を得ることができません。

　そうした結果、粗悪な商品が市場に出回ってしまいます。人々は市場を通じて品質のよい商品を選んで取引しようとしているのに、結果的には逆のことが起きています。こうした現象を「逆選択」と言うのです。

　一方、取引後に「情報の非対称性」がある場合には、**「モラル・ハザード（倫理観の欠如）」**という現象が起きます。

269

たとえば、ベビーシッターを雇って赤ちゃんを預けた場合、赤ちゃんの親（買手）はベビーシッター（売手）が自分の赤ちゃんをちゃんと面倒みてくれていたかどうか、完全に知ることはできません（監視カメラを設置しておくという手もありますが、それには費用がかかり、しかもフレームの外で起こったことはわかりません）。当然ですが、それを完全に知っているのはベビーシッターだけです。ここに、取引後の「情報の非対称性」が発生しています。

　つまり、取引後に相手の行動を完全に観察（モニタリング）することができず、「隠された行動」が生まれるときには、売手は手抜きをする可能性があります。ベビーシッターが赤ちゃんを放置してテレビを観ていた、なんてことが十分起こり得るわけです。これが「モラル・ハザード」です。

「逆選択」も「モラル・ハザード」も「市場の失敗」であり、こうしたことが発生する状況では、効率的な資源配分がなされません。その解決法としては、①**シグナリング**、②**スクリーニング**があります。

　シグナリングとは、私的情報を持っている人が、情報を持っていない人に自ら情報を開示する行動をとり、情報の非対称性を解消しようとすることです。シグナリングの例には、学歴や資格が挙げられます。教育水準の高さは能力を示す指標のひとつであり、学歴や資格によって、その人が職業に見合った能力を持つ人材かどうかを企業が見極める判断材料のひとつになります。

　スクリーニングとは、情報を持っていない人が情報を持っている人に、いくつかの選択肢を提案し、その中から選ばせる形で情報を開示するように要求することです。スクリーニングの例には、携帯電話の料金プランが挙げられます。企業側は、顧客がどのような料金プランを望んでいるのか完全に把握しているわけではありません。しかし、企業側からサービス内容の異なるいくつかの料金プランを提示することで、顧客は自身の利用頻度に見合ったプランを選択することができます。

真珠産業では、「シグナリング」が有効でしょう。最近、業界団体が真珠の検定制度[5]を設けましたが、これは売手側が買手側との情報の非対称性を解消しようとするシグナリングのひとつと言えます。

6 まとめ

　ここまで、地方創生のための方策と課題について考えてきましたが、ここでもう一度、おさらいしてみましょう。

　前半では、地方経済を活性化させる方策のひとつとして、市場の新陳代謝を高めること（ゾンビ企業の退出と新規参入の促進）が必要であることを述べました。次に、生産性の低い地方企業（主に非製造業）の生産性の向上を高めるには、収益の拡大による実質賃金の上昇が必要であると指摘しました。

　後半では、生産性の低い産業である農林水産業に着目し、その産業競争力を向上させる方策としては、高付加価値化がひとつの有効な手段であることを示し、具体例として地域資源の活用と六次産業化を取り上げました。

　また、生産性を高めるもうひとつの方策として規制緩和を、さらにその具体策として特区を説明しました。そして、民間企業の参入が生産性を高め規制緩和が成功した水産業復興特区と、規制緩和による民営化により市場の失敗が生じた真珠養殖業という対照的な事例を紹介することで、「常に規制緩和が正しいとは限らない」という教訓を学びました。

　本章の内容をわかりやすく理解するために、地方創生の仕組みを図8-8であらわしています。

　地方創生において重要なことは、①それぞれの地域のよさを活かした独自の方法を見つけ出すこと、②国民の一人ひとりが地方創生の担い手であるという当事者意識を持つことです。

　地方の衰退は将来的には国全体の衰退をも意味します。地方創生は、どこに住んでいようと、私たち一人ひとりが国民全員で考えていかなければならない課題なのです。

図8-8 ●地方創生の仕組み

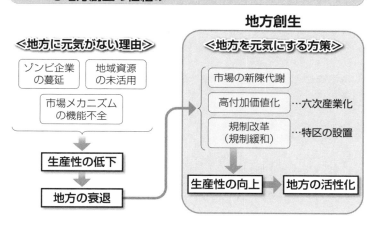

こうした議論を踏まえて、次の第9章では、消費増税、農林水産業と貿易自由化（TPP協定）、そして経済成長について詳述していきます。

［注］

1　３つの優位性については、『日本経済新聞』「（大機小機）地域の現場から学ぶこと」2015年12月30日付朝刊を参照のこと。

2　増田寛也［2014］『地方消滅　東京一極集中が招く人口急減』中公新書

3　同上

4　中小企業庁・ミラサポ（未来の企業★応援サイト）
　　ホームページ　https://www.mirasapo.jp/shigen/guide/index.html
　　2016年２月６日現在

5　「パールに詳しくなる『真珠検定』」

［参考文献］
・大江ひろ子［2011］「持続可能な真珠産業を巡る一考察─規制緩和政策の帰結と新たなる事業継続に向けた展望と課題─」No. 301、1-24頁、横浜国立大学経営学部研究推進室
・オリヴァー・E・ウィリアムソン（浅沼萬里，岩崎晃訳）［1980］『市場と企業組織』日本評論社
・気仙沼市役所［2014］『気仙沼の水産』
・国税庁［2014］「平成25年分民間給与実態統計調査結果」
・国税庁［2015］「平成26年分民間給与実態調査─調査結果報告─」
・小峰隆夫「一極集中は悪いのか」『日経ヴェリタス』2015年９月６日号59頁、日本経済新聞社
・ジョセフ・E・スティグリッツ／カール・E・ウォルシュ（藪下史郎他訳）［2013］『スティグリッツ　ミクロ経済学〈第４版〉』東洋経済新報社
・水産庁［2015］「平成26年度水産白書」水産庁
・総務省［2002］「産業（旧大分類），男女別15歳以上就業者数─全国（大正９年〜平成12年）」『国勢調査』

・総務省［2007］「産業（大分類），男女別15歳以上就業者数─全国（平成7年〜22年）」『国勢調査』
・中小企業庁・ミラサポ［未来の企業★応援サイト］ホームページ https://www.mirasapo.jp/shigen/guide/index.html（2016年2月6日現在）
・内閣府［2014］「国家戦略特別区域基本方針」1-31頁
・『日本経済新聞』「成長戦略を問う⑶新陳代謝阻む規制破れ」2014年12月28日付朝刊
・『日本経済新聞』「（大機小機）地域の現場から学ぶこと」2015年12月30日付朝刊
・農林水産省［2015］「農業経営統計調査」
・農林水産省大臣官房統計部［2014］「2013年漁業センサス結果の概要（確定値）」農林水産省，1-122頁
・農林水産省大臣官房統計部［2015］「2015年農林業センサス結果の概要」農林水産省，1-118頁
・野村アグリプランニング＆アドバイザリー株式会社［2015］『「集客型6次産業化」に関するアンケート調査報告』1-26頁
・「パールに詳しくなる『真珠検定』」『ブランドジュエリー』2015年6月24日号　インク・インコーポレーション WORD LABO
・星岳雄／アニル・カシャップ［2011］「規制緩和の遅れ、停滞招く（経済教室）」『日本経済新聞』2011年1月26日付朝刊
・星岳雄／アニル・カシャップ［2012］「成長戦略 待ったなし（下）今こそ真の開国政策を（経済教室）」『日本経済新聞』2012年8月23日付朝刊
・ポール・ミルグロム／ジョン・ロバーツ（奥野正寛，伊藤秀史，今井晴雄，西村理，八木甫訳）［1997］『組織の経済学』NTT出版
・増田寛也［2014］『地方消滅　東京一極集中が招く人口急減』中公新書
・ロナルド・H・コース（宮沢健一，後藤晃，藤垣芳文訳）［1992］『企業・市場・法』東洋経済新報社

＊真珠養殖業については、有限会社パールエンジェル代表取締役の森永のり子氏へのヒアリングに基づいている。この場を借りて、厚く御礼を申し上げます。

第9章

消費増税、
TPP協定、
成長戦略

要旨

☞消費税率引き上げの是非を判断するうえでは、財政健全化とデフレ脱却の兼ね合いや軽減税率の導入に対する評価が重要なポイントとなる。

☞量的・質的金融緩和とマイナス金利の効果については、評価が分かれる。金融政策の「出口」の出方も考慮に入れて、慎重な政策運営が必要である。

☞貿易自由化のメリットを享受するため、さまざまな単位（2か国間・多国間・地域間）で、自由貿易体制の構築が進んでいる。しかし、利害関係者が増加すればそれだけ交渉も難航するため、最適な規模を考える必要がある。

☞ TPP（環太平洋パートナーシップ）協定は、日本経済にとって貿易自由化のメリットを多く享受できる大きなチャンスである。TPP 協定の発効によるデメリットが大きいと考えられる農林水産業にとっても、産業の国際競争力を高めていくことで、大きなチャンスを得ることができる。

☞経済成長のためには、労働・資本・生産性の3要素を伸ばす必要がある。

☞生産性を上げるには、ビジネスを阻む規制の改革、正規労働者保護に偏重している雇用ルールの改革、企業の低収益体質の改革などが必要となる。

消費増税と金融政策の「出口」についてどのように考えるか

これまで理論面でミクロとマクロの経済学の要点を理解し、また財政や社会保障、地方活性化の問題の基礎的部分を学びました。

今度はそうした知識を使って、新聞などのメディアでも頻繁に取り上げられている日本経済の問題について、実際に考えてみることにしましょう。具体的には、**消費増税、TPP協定、経済成長**という3つの問題です。

1.1 アベノミクスと社会保障・税一体改革

1990年代以降、日本経済は長期にわたる経済の停滞とデフレ（物価の持続的な下落）に悩まされてきました。「失われた10年」というフレーズに象徴されるこの停滞が需要側の要因（需要不足と不適切な財政金融政策）によって引き起こされたものなのか、供給側の要因（生産性の低下）によって生じたものなのかについては、さまざまな議論がなされてきましたが、今もなお論争が続いています。経済の停滞とデフレからの脱却も道半ばという状況にあります。

こうした中で誕生したアベノミクスは、長期にわたる停滞の主たる原因が需要側にあるとの認識に立つ経済政策の枠組みです。そのポイントは、**大胆な景気刺激策（リフレ政策）によって、デフレからの脱却を図ろうとしている**ところにあります。

このうち、アベノミクスの第1の矢である「大胆な金融緩和」については、2013年4月に**量的・質的金融緩和**が導入され、消費者物価指数の対前年比上昇率を2％程度で推移させる「物価安定の目標」の下で、市場への大規模な資金供給が行われてきました。この金融緩和措置は、

消費増税、TPP協定、成長戦略　第9章

2014年10月の追加緩和と2016年2月の**マイナス金利**導入によってさらに強化されています。

　また、第2の矢である「機動的な財政出動」については、数次にわたる補正予算の編成を通じて景気の押し上げが図られてきました。これらの措置については、第3の矢である「成長戦略」と相まって、日本経済をデフレから脱却させることが期待されています。

　一般的な認識としては、アベノミクスは安倍内閣の経済政策の総称と思われがちですが、安倍内閣の経済政策には実はもうひとつの側面があります。それは**社会保障・税一体改革**を通じて社会保障の安定財源の確保と財政の健全化を実現しようという取り組みであり、その中心的な内容が消費税率の引き上げということになります。

　2014年4月には、この一体改革の一環として消費税率が8％に引き上げられました。当初の予定では2015年10月に10％に引き上げられることとなっていましたが、この引き上げは2017年4月に延期されました。8％への引き上げ後、景気の足取りが思わしくなかったことから、このまま予定通り2015年10月に10％に引き上げた場合、デフレ脱却の取り組みが頓挫してしまうことが懸念されたためです。

　このように、デフレ脱却を最重要課題と位置づけるアベノミクスの枠組みと、消費増税を通じた財政健全化を目指す社会保障・税一体改革の間には、マクロ経済政策の目指す方向性として整合性のとりにくい部分があります。ここでは、アベノミクスと消費増税のこれまでの経過を振り返ってこのことを確認するとともに、消費税率引き上げの是非と金融政策の「出口」について考えてみたいと思います。

▌1.2　デフレ脱却と消費増税は両立できるか ─────

　一般に消費税率の引き上げは、その前後の駆け込み需要と反動減により、消費の大幅な増減をもたらすことになります。実際、消費税率が8

％に引き上げられた2014年4月をはさんで、消費が上下に大きく振れました（図9-1）。もっとも、このような駆け込み需要と反動減に伴う消費の変動は一時的なものなので、この効果だけについて見れば消費は次第に元の水準に戻っていくことになります。

しかしながら、図9-1からわかるように、**消費税率の引き上げから2年近くが経過してもなお、消費は落ち込んだままとなっています。**このような消費の低迷は、税負担の増加によって家計の実質的な所得水準が低下する中、円安による輸入物価の上昇を起点とした食品や日用品の価格上昇の影響もあって、家計が節約志向を強めたことによるものです。

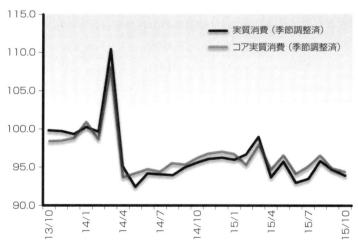

（出所）総務省『家計調査』より筆者作成

GDP（国内総生産）の約6割を占める個人消費の低迷は、景気の動向にも大きな影響を与えることになります。2014年度の実質経済成長率

は、1.4％のプラス成長という政府の見通しを大幅に下回るマイナス成長（年率でマイナス0.9％）となりました。2015年度についても4－6月期と10－12月期の成長率がマイナスとなるなど、景気の足踏みが続いています。

このような経済の停滞を反映して、日本銀行が「物価安定の目標」を達成するうえでの参照指標としている消費者物価指数（総合）と消費者物価指数（生鮮食品を除く総合）の上昇率は0％台まで低下し、**目標とする2％の物価上昇の達成にはほど遠い状況が続いています**（図9-2）。

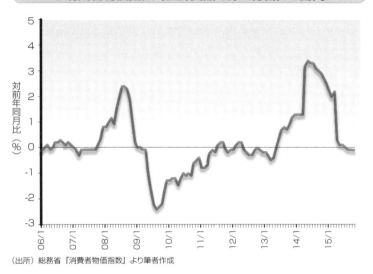

図9-2 ●消費者物価指数（生鮮食品を除く総合）の動向

（出所）総務省『消費者物価指数』より筆者作成

このように消費税率の引き上げは経済に大きな影響を与えることとなりますが、この点における消費増税の論点は以下のように整理することができます。

まず、第３章と第４章で示されているように、景気調整のための主な政策手段としては財政政策と金融政策の２つがあります。ここで与えられている政策目標は、デフレ脱却と財政健全化という２つの目標です。そして、今考えないといけないことは、「**デフレ脱却と財政健全化を同時に達成することができるような経済財政運営の方法は、果たしてあるのか**」という点となります。

　そこで、マクロ経済学の基本的な枠組みに沿ってこの問題を考えてみると、２つの政策目標に対して２つの政策手段があることから、これらの目標を同時に達成することはひとまず可能であるというのが教科書的な答えになります。財政収支の改善を図るために消費税率を引き上げたとしても、それに伴う景気の落ち込みは金融緩和によって回避することができるというのが、その理由です。実際、2013年４月の量的・質的金融緩和は消費増税の影響をあらかじめ考慮して実施されたものであり、もし仮に景気にマイナスの影響が及びそうな場合にも、追加の金融緩和措置によって十分な対応が可能であるとの説明が、日本銀行の黒田東彦（はるひこ）総裁から繰り返しなされてきました。

　しかしながら、このような見方については重要な留意事項があります。金融機関の間でごく短期の資金の融通をする市場（**コール市場**）の代表的な金利（無担保コールオーバーナイト物）が０％を下回って推移するなど、金利がすでに極めて低い水準となっている下で、**さらなる金融緩和を実施することがどの程度の景気浮揚効果を持ち得るのか**ということが、ここでの議論のポイントです。この点については「大胆な金融緩和」に肯定的な立場と懐疑的な立場の間で見解に大きな相違が見られます。

　金融緩和に肯定的な立場からは、日本銀行が大量の資金供給を行うことで市場参加者や家計、企業の「期待」（将来の景気や物価に対する予想）を変化させることが可能であり、金融政策のこのチャネル（波及経路）を通じて景気の拡大と物価の緩やかな上昇が実現できるとの主張が

282

なされてきました。量的・質的金融緩和とそれに先立つ2013年1月の金融緩和措置を契機として円安と株高が進展したことは、このような期待チャネルを通じた政策効果が顕在化した動きと見ることができるかもしれません。

一方、このような金融緩和の効果に懐疑的な立場からは、すでに金利の水準がほぼ0％あるいはそれ以下（マイナス金利）になっている下で大量の資金供給を行っても、設備投資などの増加を通じて景気を押し上げる効果は限定的なものにとどまるとの見方が示されてきました。

この両者の見解のいずれが妥当なものであるかについては、まだ確定的な結論を示すことができませんが、これまでの経過から推察されるのは、**量的・質的金融緩和に一定の効果があるとしても、その効果は消費増税がもたらすマイナスの影響を打ち消すことができるほど強力なものではなかった**ということです。実際、日本銀行が公表している「経済・物価情勢の展望（展望レポート）」を見ても、黒田総裁の強気の見方に反して、実質GDP成長率と消費者物価上昇率についての見通しは下方修正が続いており、2015年度前半までに実現できるとしていた物価目標の達成時期は、2017年度前半まで後ずれしてしまっています。

民間のシンクタンクなどの見解では、2017年度前半までに2％の物価目標が達成できるという日本銀行の見通しも楽観的すぎるという見方が多く、黒田総裁の任期が切れる2018年4月までに目標を達成することはできないとの見方も少なくありません。2013年の夏に、消費増税の先送りには「どえらいリスク」があると強調して消費増税の実施を促した黒田総裁は、増税後の景気の停滞によって2％の物価目標が達成できないまま任期切れを迎えるかもしれないという「どえらいリスク」を抱え込んでしまったことになるのです。

このようにデフレ脱却という観点からは、消費増税がその実現にマイナスの影響をもたらすこととなりますが、消費税率の引き上げを行わない場合には、財政収支の均衡化が遅れる可能性もあります。このことに

よって財政の持続可能性に対する懸念が強まる場合には、長期金利が上昇して経済にマイナスの影響がもたらされるおそれがあるということも、可能性のひとつとしてきちんと留意しておくことが必要です。

これらの点を踏まえると、**景気や物価の動向と財政収支の状況を勘案した場合に、このまま2017年4月に消費税率を予定通り10%に引き上げてしまってよいか**ということが、消費増税をめぐる議論の大きな論点のひとつとなります。

1.3 軽減税率導入の是非は？

消費税率の引き上げをめぐるもうひとつの論点は、軽減税率の導入についてどのように考えるかということです。消費税率の引き上げは、低所得者により大きな負担感をもたらすことになるため、負担の軽減策として2つの対応策が提案されてきました。

ひとつは所得水準が一定水準以下の人を対象に現金を支給（給付）するというもので、消費税率の8％への引き上げにあたっては「臨時福祉給付金」が交付されています。

もうひとつの方法は、生活必需品と考えられる一定の品目を対象に、標準税率より低い税率で課税を行う仕組み（軽減税率）を導入することです。消費税率が10％に引き上げられる際には、酒類と外食を除く飲食料品全般と宅配される新聞について税率を8％に据え置くことが予定されています。

この2つの方法を比較すると、一般に同額の財源を利用して税負担の軽減措置を実施する場合、**軽減税率よりも現金給付の方がより効率的に低所得者対策を行うことができる**ことになるはずです。というのは、現金給付の場合にはそれぞれの人の所得や資産の状況を見て対応を変えることができるのに対し、軽減税率の場合にはこのような対応がとれないため、本来であれば軽減措置を講じる必要のない人にまで恩恵が及んで

消費増税、TPP協定、成長戦略　　第9章

しまう（その分だけ低所得者への対応が手薄になってしまう）からです。もっとも、軽減税率の方が、負担が軽減されているという実感を強く印象づけることができることから、政治的には軽減税率が志向されがちになるという側面があります。

　また、軽減税率のもうひとつの問題点としては、**なにを軽減の対象とするかという線引きが難しい**ということが挙げられます。対象を「酒類と外食を除く飲食料品全般」とした場合、贈答品として人気のある高級チョコレートは1万円の商品でも税率が8％となるのに対し、五百円玉1枚でおつりがくる牛丼を外食チェーンの店内で食べる場合は税率が10％になるといった状況が生じることになります。

　さらに言えば、フライドポテトとコーヒーを「コンビニで買って、店内のイートインコーナーで食べる場合」は税率が8％、「ファーストフード店で買って、店内で食べる場合」は税率が10％、という状況も生じるかもしれません。こうした事例において税率が異なる理由を消費者や事業者に納得のいく形で説明することは難しいでしょう。

　新聞を軽減税率とする場合には、なぜ新聞が軽減税率なのかということが議論の的となり、シャツやセーターなどの衣類、洗剤やティッシュペーパーなどの日用品、冷蔵庫や洗濯機などの家電製品、ランドセルやカバン、ボールペンなどの学用品・事務用品、学習参考書などの書籍、携帯電話、通勤・通学などで利用する電車やバスの定期券・回数券、電気・ガス・水道なども生活必需品なので軽減税率を適用すべきということになるでしょう。

　これらの点を踏まえると、**低所得者対策を軽減税率という形で実施することが果たしてよいことなのか**、2017年4月に導入が予定されている軽減税率の案の見直しを行わないまま、予定通り消費税率を引き上げてしまってよいのかということも、消費増税をめぐる大きな論点となります。

　この他、第7章で見たように消費税率の引き上げが世代間格差の問題

285

に与える影響についてどのように考えるかということも、消費増税をめぐる重要な論点となるでしょう。2017年4月に予定されている消費税率の引き上げについては、これらの点を総合的に勘案し、誤りのない判断をしていくことが必要となります。

▌1.4　量的・質的金融緩和とマイナス金利の「出口」について ──

2013年4月に導入された量的・質的金融緩和は、日本銀行が国債などの資産を買い入れることを通じて、市場に大量の資金を供給する金融政策の枠組みです。通常の場合、日本銀行は金利を操作対象として金融政策を運営していますが、量的・質的金融緩和は金利の代わりに資金量を操作対象として実施されている臨時異例の枠組みであることから、**「非伝統的な」金融政策**のひとつの例と理解されます。

2016年2月に導入されたマイナス金利政策によって、金融政策の運営は金利を操作対象とする調節方式に戻ったという側面もありますが、新たな金融調節の枠組みの下でも、国債を高値で買い入れて市場に大量の資金を供給するという量的・質的金融緩和の基本的な枠組みは維持されています。

さきほど見たように、量的・質的緩和にどの程度の政策効果があるのかという点については見方が大きく分かれていますが、将来いずれかの時点でこの政策から離脱して金融政策の「正常化」を図っていくことが必要になるものと考えられています。このような正常化に向けた動きは、臨時異例の政策運営からの転換という意味を込めて**出口政策**と呼ばれることがあります。

量的・質的金融緩和の「出口」の問題が注目を集めるのは、どのような形で出口を出るかということをめぐって、さまざまな議論があるためです。現時点では金融機関が必要とする資金量以上の資金が市場に供給されているため、**日本銀行が「今日から量的・質的緩和をやめる」と宣**

消費増税、TPP協定、成長戦略　第9章

言しただけでは出口を出ることができません。

　出口の出方としては、日本銀行が市場に供給している資金の量を徐々に減らしていって、資金の需給に応じて金利が変動するようになるところまで資金の供給量を絞ることが基本形となります。

　もっとも、余剰資金がある下でも、**各金融機関が日本銀行に預け入れている資金（日本銀行当座預金）に対する付利（補完当座預金制度適用利率）の水準を変えることで金利を引き上げることが可能です。**日本銀行当座預金に対する付利の水準が引き上げられた場合には、それに伴ってコール市場で成立する金利も上昇することになることから、この効果を通じて金利を操作対象とする金融政策の運営が実行可能になるためです。

　しかしながら、日銀当座預金に対する付利の変更を通じた金融政策の運営には大きな課題があります。付利の対象となる日銀当座預金の残高（超過準備額）が200兆円を上回って推移していることから、仮に付利の水準を0.5％に引き上げるとした場合、年間で１兆円を超える金利の支払いが必要になります。この金額は日本銀行の年間の利益と同じかそれを上回る水準であることから、場合によっては日本銀行が赤字決算になる可能性があり、量的・質的金融緩和からの出口をめぐる議論ではこの点を懸念する見方もあります。

　もちろん、このような形で生じた赤字は繰り越して、将来の日銀納付金（黒字決算の場合に剰余金の一部を日銀が国庫に納付するもの）をその分だけ減額することで調整すればよいという考え方もあります。

　現時点においては消費者物価指数の上昇率が２％を大きく下回って推移しており、量的・質的金融緩和とマイナス金利政策が出口に到達することができるのかも、なかなか見通しにくい状況にありますが、金融政策の運営においては出口政策のことも十分に念頭に置いたうえで、安定的な運営に努めていくことが必要です。

2 TPP協定・貿易自由化は日本経済にプラスか

2.1 大筋合意されたTPP協定

　2015年10月5日に、米国アトランタで開催されたTPP（環太平洋パートナーシップ）協定の閣僚会合で、協定内容は大筋合意を得ました。今後、各国において、TPP協定に批准するかどうかの審議が行われ、各国が協定に批准すると、発効となります。今回の大筋合意は、TPP協定の大きな第一歩でありますが、まだまだ課題は山積みです。

　そもそもTPP協定とは、どのようなものなのでしょうか。交渉に参加している国は、米国、日本、カナダ、メキシコ、ペルー、チリ、オーストラリア、ニュージーランド、ブルネイ、ベトナム、マレーシア、シンガポールの12か国です。対象地域の経済規模は合わせて3,100兆円で、世界全体のGDPの4割を占めるとされています。TPP協定の内容は、日本政府の文書によれば、「モノの関税だけでなく、サービス、投資の自由化を進め、さらには知的財産、電子商取引、国有企業の規律、環境など、幅広い分野で21世紀型のルールを構築するもの」とされており、太平洋を取り巻く国々で「地域圏」を構築していくことを目指しています。

　政府の試算によれば、TPP協定の発効による日本への経済効果は、実質で約14兆円になるとされています。一方、心配されている農林水産業へのマイナスの影響は、数百から数千億円と試算されています。

　このような試算に基づけば、TPP協定への参加は日本経済にとって大きなプラスになりますし、安倍政権が目指している2020年の名目GDP600兆円という目標に向けても大きな追い風になります。では、なぜ、このTPP協定の発効に向けての難しさがあるのでしょうか。

消費増税、TPP協定、成長戦略　第9章

2.2　比較優位

　ここで経済の理論に少し立ち戻りましょう。国は自由貿易を行うことで、より豊かになっていくことができます。これは、古典派経済学の祖であるアダム・スミスが考えてきたことでした。

　また、リカードは、アダム・スミスの考え方を発展させて、「比較優位」という概念を提唱しました。**比較優位とは、簡単に言えば、それぞれが得意なこと（生産性が高いもの）に特化した方が社会全体の利益が大きくなる**ということです。

　今、AさんとBさんがいるとします。2人は、それぞれパソコンを使って文字を入力し、図を描く作業をしています。Aさんは文字を入力するのが得意なので、1時間に1万字ほど入力することができますが、図を描くのは不得意で1時間に5点ほどしか描けません。Bさんは、文字を入力するのは不得意で、1時間に5,000字ほどしか入力できませんが、図を描くのは得意なので、1時間に10点ほど描けます。それぞれ、文字入力に5時間、図を描くのに3時間の作業を行うとします。そうすると、Aさんは5万字入力し、15点の図を描くことができます。Bさんは、2万5,000字入力し、30点ほどの図を描くことができます。

　ここで、それぞれ得意なことに8時間の労働時間すべてを費やす、つまり「特化」することを考えてみましょう。

　すると、次ページの図9-3のように、Aさんは8万字を入力することができ、Bさんは80点の図を作ることができます。それぞれが文字を入力したり、図を描いたりするよりも、社会全体で見るとより多くの文字量を入力し、図を描けることがわかります。つまり、それぞれ得意なことに特化して分業することで、社会の利益は大きくなるのです。

289

図9-3 ●AさんとBさんの結果

	作業をそれぞれ行った場合	得意なことに特化した場合
Aさん	文字：5万字 図：15点	文字：8万字
Bさん	文字：2万5,000字 図：30点	図：80点

　このように考えれば、**それぞれの国が、それぞれの強みに特化し、生産し、貿易をしていくことは、社会全体に大きな利益を提供します。**

　しかしながら、国の場合、AさんやBさんのように特化するのは現実的ではありません。各国にはさまざまな産業が存在します。それぞれの国が、比較優位性がないからといって特定の産業から撤退すれば、その産業に従事してきた人たちの雇用を新しく作り出さなければなりません。比較優位性のある産業に移動してもらうことも考えられますが、彼らがその産業に適した教育や訓練を受けているとは限らず、社会的には大きなコストがかかります。

　一方、比較優位性がない産業から撤退しなければ、より小さなコストで同じものを生産できる、すなわち比較優位性の高い国からの安価な製品によってその産業は駆逐されてしまいます（このときの価格差を「内外価格差」と言います）。その結果、失業者が生まれ、撤退した場合と同様の対策が必要とされます。

　そこで各国は、こうした状況に陥らないように、関税や輸入量の規制を行って、国際的には比較優位性のない産業を保護してきたのです。

消費増税、TPP協定、成長戦略　第9章

2.3　レントシーキング

　こうした保護貿易は、他国から新しい技術を導入し、国内の経済発展のために生産者を育成するという点では有効です。昔、王様たちは、自国の産業を発展させるために、新しい技術を自国に導入して新たに商品を生産させたり、その商品を自国で販売させるために「独占権」を与えました。

「独占権」を与えられた人々は、その国で生産したり販売したりすることで大きな利益を得ることができますので、喜んで新しい技術をその国に導入し、生産と販売をするでしょう。

　しかし、こうした産業の保護は一定の期間に限られるべきです。なぜならば、そうした独占者がいれば、自分の利益を最大化するように価格を吊り上げることで、消費者余剰（消費者の満足感）は小さくなり、消費者は大きな損をするからです。

　また、そうした独占者は、新しい技術を開発して利益を追求するといった努力をせず、自分たちが特権を持ち続けることで利益を得られるわけですから、正当な利益追求をするための投資ではなく、自分たちの特権を保護するための投資に、自分たちが得た利潤を費やしてしまうかもしれません。

　こうした行為は**「レントシーキング」**と呼ばれます。レントシーキングによって、特権を保護するための投資が浪費されてしまい、経済的な非効率が生まれてしまいます。

2.4　貿易自由化のメリット

　これまで見てきたように、貿易の自由化はそれぞれの国の社会全体に大きな利益をもたらします。これを次ページの図9-4と図9-5を見ながら、確認してみましょう。

291

図9-4 ●相互に貿易を行っていない場合

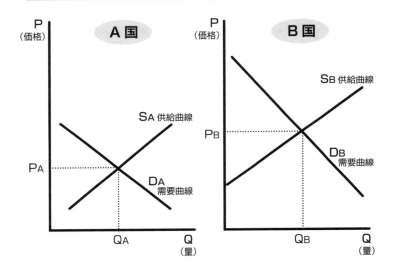

　今、A国とB国は、それぞれおコメを生産していて、それぞれの国内で価格 P_A と P_B で取引されているとします（図9-4）。ここで両国は、保護貿易体制から自由貿易体制に移行したとします。モデルを簡単にするために、自由貿易体制のときの価格を世界統一価格の P_w とし、この価格は P_A と P_B を足して2で割った価格と考えます。また輸送費などのコストも、ここではゼロと仮定します。この状況を図9-5であらわしてみましょう。

消費増税、TPP協定、成長戦略　第9章

図9-5 ●貿易自由化を行った場合

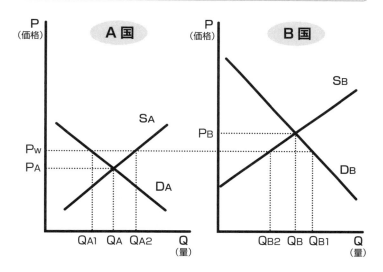

　このとき、A国では、需要量はQ_{A1}まで減少しますが、供給量はQ_{A2}まで増加します。これは、B国におコメを輸出しているからです。一方、B国では供給量はQ_{B2}まで減少しますが、需要量はQ_{B1}まで増加します。これも、A国からおコメを輸入しているからと考えられます。

　ここでA国とB国の消費者余剰と生産者余剰の変化について確認してみましょう。第1章で学んだように、消費者余剰は「消費者の満足感」の量をあらわしたもので、生産者余剰は「企業の利益」の量をあらわしたものでした。

　次のページの図9-6を見ると、A国について、貿易自由化によって消費者余剰（濃く色のついた三角形）は減少していますが、生産者余剰（薄く色のついた三角形）は増加していることがわかります。A国の社会的余剰（社会全体の満足感）も全体で見て増加していることがわかります

図9-6 ●A国の貿易自由化による社会的余剰の変化

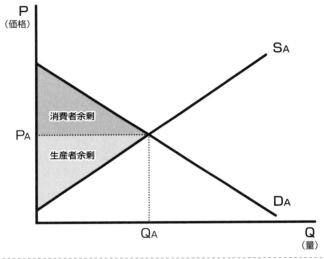

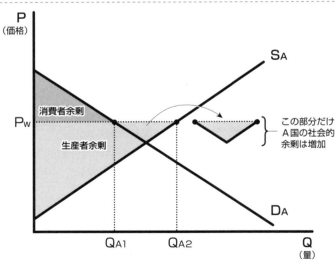

消費増税、TPP協定、成長戦略　第9章

図9-7 ●B国の貿易自由化による社会的余剰の変化

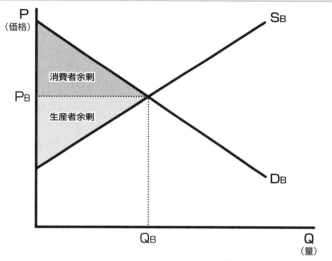

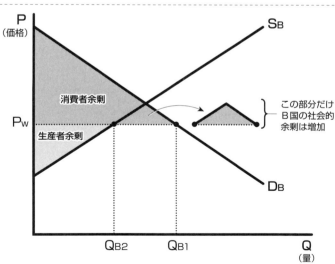

ね。

　次に、Ｂ国について、前ページの図9-7を見ると、貿易自由化によっ
て消費者余剰（濃く色のついた三角形）は増加していますが、生産者余
剰（薄く色のついた三角形）は減少しています。Ｂ国の社会的余剰も全
体で見て増加していることがわかりますね。

　両国の消費者余剰、生産者余剰を総計すると、両国のそれぞれの社会
的余剰は増加していますし、両国を合わせた社会的余剰も増加している
ことが、図9-6、9-7を見るとはっきりとわかります。

　こう考えると、**貿易自由化を進めた方が、その国にとっても、世界全
体にとってもよい**ということがわかります。

　こうした貿易自由化に向けた交渉は、実際にこれまでも行われてきま
した。たとえば、日米通商交渉では、繊維・半導体・自動車・牛肉・オ
レンジなどさまざまな分野で、貿易自由化をめぐる交渉が行われてきま
した。また1980年代末の日米構造協議では、大型店舗の出店規制の緩和
など、国内のサービス産業に関する規制についても議論が行われまし
た。

　多国間での交渉としては、GATT（関税及び貿易に関する一般協定）や
WTO（世界貿易機関）での交渉が行われてきました。さらにAPEC（ア
ジア太平洋経済協力）、ASEAN（東南アジア諸国連合）などのように、地
域圏の中の複数の国々が協定の締結に向けて協議し、地域経済圏を構築
していくという流れも進んでいます。さらには、２か国以上の国々で貿
易自由化の協定を結ぶFTA（自由貿易協定）や、貿易自由化に加え、投
資・人の移動・知的財産・ビジネス環境の整備なども包含するEPA
（経済連携協定）などの交渉や締結も進んでいます。また欧州では、モノ
の移動、ヒトの移動だけではなく、通貨も統一するEU（欧州連合）と
いう経済統合が行われました。

　このように、人々は貿易自由化から多くの利益を享受することができ
ますが、こうした交渉が困難を極めるのはなぜでしょうか。その理由の

消費増税、TPP協定、成長戦略　第9章

　ひとつには、先述したように**貿易自由化が進むことで少なからず損をする人々がいる**ということです。

　たとえば、図9-6、9-7では、Ａ国の消費者余剰とＢ国の生産者余剰が減少しています。ここで、生産者余剰が減少するＢ国の生産者は、貿易自由化に反対するでしょう。特に、生産者にとっては、利益の減少は「死活問題」ですし、反対することで得られる利益も共通しているので、貿易自由化に反対する強い原動力が生まれます。一方、Ａ国の消費者にとっては、確かに消費者余剰は減少していますが、消費者の1人あたりの利益は非常に小さいので、貿易自由化にそれほど強く反対をしないかもしれません。

　このような貿易自由化に反対する人々は、政治的な影響力を持っていたとしたら、さきほど指摘した「レントシーキング」を行うかもしれません。特定の目的、特定の属性を持つ人々は「集団」を形成して、組織的に政治的な影響力を持とうとします。こうした「利益集団」は、選挙のときに自分たちの代表者を政治の場に送ったり、自分たちの代弁者を組織的に応援したりして、自分たちの意見を政治に反映させようとします。

　こうしたことが貿易自由化の交渉や、その後の批准に向けた合意形成を難しくしてしまうのです。政策的に正しくても、政治的に強くなければ、その政策を実行することは難しいのです。逆に、政策的に正しくなくても、政治的に強ければ、まかり通ってしまうということも多々あるのです。

　貿易自由化に向けた利害関係者（ステークホルダー）が増えれば増えるほど、反対する人々も増え、交渉が困難になります。WTOは、参加国が増えることにより、利害関係者も増え、交渉を進めることが難しくなりました。このように考えると、貿易自由化の交渉には、適切な規模があるのかもしれません。その意味で、**参加国を限定する地域圏単位の貿易自由化体制の構築の方が効果的かもしれないと考えると、TPP協**

297

定の規模は、ある程度「理にかなっている」と言えます。

2.5　TPP協定を大きなチャンスにするために

　政府の試算を確認すると、TPP協定は日本にとって大きなプラスになることがわかります。そこで発効に向けて取り組みを進めていく必要があります。その結果として、たとえば、自動車などに代表される日本の輸出産業には、相手国の関税が撤廃されたり、引き下げられたりすることでプラスの影響があるでしょう。

　一方、農林水産業にとっては、マイナスの影響になることが試算されていますので、農林水産業の関係者の納得を得るための合意形成がTPP発効に向けて重要となります。

　しかし、ここで本当に考えるべきなのは、**農林水産業の国際競争力をいかに高め、成長産業に構造転換させていくか**、ということでしょう。特に、農業は「安心」や「おいしさ」という点で、国際競争力を持つブランドとして世界に販売していける可能性を持っていますし、水産業も、世界の魚の消費量が増加している中で大きなチャンスが広がっています。

　そのためには、第8章の地方創生の議論でも見てきたように、六次産業化などを通じて、高付加価値化を進めていくことが重要なカギとなります。またTPP協定によって、域内のサプライチェーン化が進むとすれば、地域の中堅・中小企業にとっても大きなチャンスとなる可能性があります。このように考えれば、日本社会全体にとってTPP協定は大きな利益をもたらすと言えるでしょう。

　経済圏の構築という点では、中国も**AIIB（アジアインフラ投資銀行）**を設立するなどの取り組みを進めています。これからの世界は、国と国との競争だけではなく、経済圏と経済圏との競争が起きてくる可能性もあります。そのときに、その経済圏で生み出される付加価値をいかに高

消費増税、TPP協定、成長戦略　第9章

めていくのか。そのために各国がどのような連携をし、相乗効果を生み出していくのか。そして、どのような経済制度を整えていくべきなのか。グローバル化が進展する中で、さらに新しい「メガネ」が必要になるかもしれません。

日本は経済成長できるか。自分で考える成長戦略

　最後に、日本の経済成長について考えてみたいと思います。ここ10年間、政府は歴代政権の下で「成長戦略」を策定してきています。第6章と第7章で見たように、日本の財政問題や、高齢化が進む中での社会保障問題を考えた場合、税収や社会保険料といった政府の収入が十分に確保されないと、財政が破綻したり、国民の老後の安心や健康が損なわれてしまいます。そうした状況に陥らないためにも、日本経済は成長していく必要があります。どの政権も優先課題として経済成長を取り上げるのは、ある意味で当然なのです。

　政府が公表している経済シナリオの多くも、毎年の実質GDPが2％程度成長することを期待しています。しかし、過去20年の経済の成長を見てみると（図9-8）、年平均で2％という成長率は達成できていません。このまま成長率が今よりも高まらないと、経済は行き詰まってしまいます。

　第3章や第4章で見たように、政府の財政政策や日銀の金融政策による景気刺激は、総需要が総供給を下回っている場合に需要を拡大してGDPを増加させることを狙いますが、それは数年間という短期間を視野に置いたものです。財政・金融政策によって需要拡大が進むと、需要と供給の差は縮まり、物価が上昇して経済は天井にぶつかります。将来長きにわたる経済成長は、供給力の方が拡大していかなくては実現されません。潜在成長率を決めているのは供給力なのです。

　第5章で見たように、この供給力は労働・資本・生産性（技術進歩）という3つの要素から成り立っていました。経済成長にはこの3つの要素がどれも欠かせません。また、それぞれに制約がある場合には、できる限り制約を少なくしていく必要があります。それぞれについて考えて

みましょう。

図9-8 ●日本の実質GDP成長率

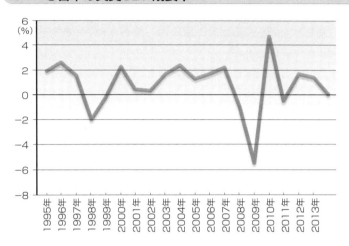

（出所）内閣府

3.1 労働と資本は足りているのか

　まず、経済成長するために働く人は十分にいるのでしょうか。日本全体で考えた場合、まず思いあたる問題は高齢化と少子化による生産年齢人口の減少という問題ですね。第7章で見たように、**高齢者になっても元気なら働ける環境**を作るべきでしょう。働く女性が結婚や育児といったライフイベントによって仕事を辞めることを少なくしていくことも求められます。将来の人口を増やすためにも、**子育ての負担を軽減する保育所のより一層の整備**などが必要でしょう。また、日本では**外国から労働者を受け入れる**ということは、従来ほとんど考えられてきませんでしたが、将来真剣に検討する必要が出てくると考えられます。

資本についてはどうでしょうか。ここで言う資本は、生産に必要な設備やソフトウェアですが、その投資のためにはお金が必要です。企業は自らのもうけを貯めている分に加えて、銀行から借りたり、会社の株式を発行したりしてお金を手に入れます。同時に、銀行や株式を買う投資家に、生産したものを売って得た収入の一部から利子や配当を支払うことを約束します。

　経済成長に必要な資本は、こうしたお金が回ってくれば大丈夫ということになります。今は銀行からお金を借りるときの金利は非常に低水準ですから、問題ないように見えます。しかし、たとえば**財政が危機に陥れば金利が急騰し、民間企業の投資に回るお金は枯渇してしまう**かもしれません。財政の安定はその意味でも経済成長の前提条件となります。

　お金の回り方、つまり金融ですが、これについては、日本では企業が投資に使うお金のうち、銀行から借りる割合が株式発行に比べて非常に高いという特徴があります。銀行の貸し出しの原資は、預金者から預かっている預金で、安全な運用が求められています。そうすると、企業にはいろいろな投資計画がある中で、「成功すれば収益性は高いが、失敗する確率も高い（リスクが高い）計画」にはお金が回りにくくなる結果となります。日本経済の成長を引き上げるためには、企業が収益性もリスクも高い投資を行うことが必要です。したがって、銀行借り入れよりも株式発行の割合を増やす必要があります。

　貸し出しは「融資」、株式に出すお金は「投資」と言われます。家計から見ると、前者では預金のお金（貯蓄）が回り、後者では株式や投資信託を買うお金が回っていきます。経済成長のためには前者から後者への切り替えが望ましいわけです。

「カネに色はない」という言い方もしますが、日本では全体としてお金はふんだんにあるように見えても、経済成長に役立つお金は不足しがちなのかもしれません。

消費増税、TPP協定、成長戦略　第9章

3.2　生産性を上げるには

　次は生産性です。生産性を上げれば同じ量の労働と資本でも生産は増えます。技術進歩があれば生産性は上がります。また、無駄に使われている資本や労働を節約しても生産性は上がります。

　第2章で見たように、企業は、市場からの撤退を避けるために新しい技術の情報にいつも敏感であり、できる限り無駄のないような生産を行います。それが「市場の効率性」でした。経済学の基本から考えれば、経済成長に必要な生産性の向上には市場を最大限活用するのが筋、ということになります。ここでは「なぜ市場が機能していないのか」という目で問題を考えるのが近道です。

　まず、市場の機能を妨げているものに、政府の規制があります。すべての政府の規制が経済にとって悪いわけではありません。これも第2章で説明したように、市場の失敗を直すための規制はむしろ経済にはプラスです。環境問題など外部性の問題があるときはその一例です。

　ただし、第2章の国家資格の例でも見たように、規制の目的が正しいからといって現実に行われている規制がいつも正当化されるとは限りません。必要以上に過剰な規制になっている例は、環境分野なども含めて、たくさんあります。規制は一旦始まると変更されない傾向が強いので、常に見直し、規制の手入れをすることが必要です。

3.3　ビジネスを阻む規制の改革

　経済にとって害の大きい規制は、生産性が高い企業のビジネスを阻む規制です。たとえば、農業については、企業が農地を入手しようとするといろいろな制約がかけられてしまいます。こうした制約をなくして日本の農業の生産性を上げ、輸出も増やしていくことが経済の成長につながります。

303

したがって、これまで農業をやっていなかった企業に参入できる機会を全面的に開放すべきでしょう。むしろ、これまでの失敗の歴史を顧みれば、それが日本の農業を成長させる唯一の方法かもしれません。高齢化が進み後継者不足が叫ばれている農業ですが、企業の参入が自由化されれば、若者にとっても魅力ある仕事に生まれ変わるチャンスは大いにあります。

しかし長年、規制改革が断続的に試みられるものの、改革の実行は阻まれ、結局は失敗の連続だったと言っても過言ではありません。

農業に限らず、こうした例は枚挙にいとまがありません。なぜ規制改革が難しいかという事情は、第1章のBOX 2の説明からも容易に推測できます。

規制は既得権を作り出します。既得権を持つのは比較的少数の人や企業で、その業界について熟知している人々です。規制は法律に基づくものですから、政治がカギを握ります。既得権を持つ業界の団体などは、政治家や行政、そしてメディアにも規制維持を働きかけるのが常です。

他方で、改革によるメリットは消費者など社会全体に及びますが、その分「広く薄く」なります。よほどのことがない限り、消費者が規制改革を求めてデモ行進や選挙応援をすることはありません。したがって、多くの政治家にとって、規制改革は本音では近づきたくない「鬼門」になりがちです。

成長戦略と言うと規制改革が取り上げられることが多いのですが、上記のような理由により、長年議論されている割には目に見える進歩に乏しいというのが実態だと思います。**国民としては改革の謳い文句や計画だけではなく、政府による実行が骨抜きにならないよう、最後までよく見守る必要があります。**

3.4 もうかる企業にヒトやカネが集まるためには

ここでもう一度、経済全体でどのようにして生産性が高まるのかを、市場における企業という視点で考えてみましょう。生産性が高い企業の収益力が高いのは直感的にわかります。収益力の高い企業は、労働者に賃金をたくさん支払うことができ、銀行などからもお金を借りやすく、生産規模を大きくしやすくなります。生産性の高い企業の規模が大きくなれば、経済全体の生産性も高まります（図9-9）。

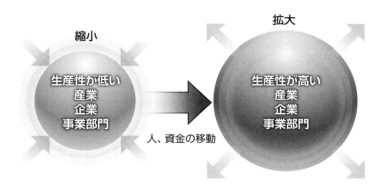

図9-9 ●経済全体の生産性が上がる仕組み

もうける力の強い企業に人やお金が早く移動すればするほど、経済の生産性は高まり、経済成長も高まることになります。もうからない企業からは人やカネが早く離れていくことも同時に必要です。ところが、**企業間で人材が移動することについては、日本では大きな制約があります。**

企業で働く人には、正規労働者と非正規労働者（派遣、パートなど）という厳密な区別があり、企業を支える主流は正規労働者の方と考えら

れています。正規労働者は、ある企業に一旦入社するとよほどのことがない限り解雇されないという安定した地位を与えられる一方で、その代償として長時間の労働と配転異動命令への服従を受け入れます。

この仕組みでは、企業がもうけを増やそうと別の事業に乗り出したくても、なかなかそれができません。生産性は低い事業であっても、一旦雇った正規労働者に辞めてもらうことは、法律上容易ではないからです。こうした状況では、利益が低迷しているために賃金なども上がらず、労働者にとっても幸せとは言えない場合も多いのではないでしょうか。

3.5　経済学から見た「働き方改革」とは

正規労働者の地位の保護が強すぎると、企業が成長分野に雇える人の数も減ってしまいます。個々の労働者にとっては保護が強いのに越したことはありません。しかし、企業への規制が強くなれば労働市場での需要が減ってしまい、第2章の市場の分析が示している通り、全体の雇用も減ってしまいます。

最近の政策は、正規と非正規の格差に注目し、非正規労働者の保護を強めようとする方向にあります。しかしこれも規制を強めていることに変わりないため、下手をすると雇用全体が縮小してしまうかもしれません。やはり**正規労働者の地位についての議論が欠かせない**のです。

たとえば、企業が正規労働者に一定のお金を払って辞めてもらうというのもなかなか難しいのが今のルールです。そうした手続きを正面から認めたうえで、退職時に労働者が不当に扱われないようなルールを作った方がいいかもしれません。また5年、10年といった契約期間を設けて働くといった雇用形態も広げていくと、企業にとっても労働者にとっても選択肢が広がります。

近年、育児や介護など、個々の労働者のいろいろなニーズに合わせた

柔軟な「働き方改革」の議論が盛んです。しかし、正規労働者の地位が今のままである限り、企業は柔軟性に欠けた正規中心の人事体系、仕組みを続けるものと考えられます。経済学から見れば、根本問題にメスを入れない働き方改革はあまり意味がないのではないかということになります。

3.6　日本企業の低収益体質は改善できるか

　ここまでで、企業が新しくビジネスを始めるうえで制約になっている規制をなくしたり、もうかる企業に人が集まるスピードを速める雇用ルールの改革が大事だということを述べてきました。経済成長を促進するために政府がやるべきことは他にもあります。

　最近、政府は企業のもうけに対する課税である**法人税の税率を引き下げる方針**を明らかにしています。国際的に日本の法人税率は高いと言われてきましたが、減税で企業の投資原資を増やし、成長のための「お膳立て」をしていることになります。

　とはいえ、経済成長の主役はなんといっても企業です。経済全体にわたり、企業が活発に投資や生産を増やしていかないと、GDPにも目立った変化は生まれません。果たして、こうした「お膳立て」を受けた日本の企業は、シナリオ通りにその役目を果たしてくれるでしょうか。

　もちろん、日本企業とひと口に言っても企業ごとにさまざまですが、大きくひとくくりにして平均値を出すと、その収益率は国際的に見て低いというのが実態です。売上に対する利益の割合、資本に対する利益の割合など、収益率にはさまざまな指標がありますが、そのどれをとっても低いのです。また収益率の水準が低いだけでなく、差異が少ないのも特徴です。チャレンジの姿勢が比較的弱いとも言えます。

　また、日本の企業は銀行からの借り入れが多いということはすでに述べました。特に、中堅・中小規模の企業はそうです。もともと、日本に

は規制に守られた金融機関が地方各所に多数展開していて、貸付市場では資金供給がだぶつき気味でした。借手に対して貸手が多いため、低い金利でお金を貸しています。現在のように金融政策の緩和が続くと、収益性の低い企業に対して、貸手である金融機関から収益の改善を求める圧力は一層、弱くなります。

つまり、**中堅・中小企業の低収益性の問題は、日本の金融構造に起因するとも言えます。**今後、地方の金融機関が存続するためには、金融機関自身の収益力を上げて、経済低迷期に備えたクッションである資本を積み増す必要があると言われています。

再編などを通じた地方金融機関の変化の中で、中堅・中小企業の収益性の改善が本格化するのかもしれません。もっとも、生産性が改善しなければ、その前に市場からの撤退を迫られる企業も今後は増えていくでしょう。本来、こうした中堅・中小企業の新陳代謝なくしては、第8章でも触れた地方の活性化は「絵に描いた餅」に終わる可能性が高いのです。

▌ 3.7　大企業の収益性を高める要因とは

これに対して大企業の収益性の問題は、少し様子が異なります。よく「日本の企業はよい技術を持っているが、それがビジネスにつながっていない」という話を聞きます。潜在的な収益力は高いのに、それを実現できていないということです。これがどの程度真実かについては、さまざまな意見があると思います。しかし、株主である投資家が、企業の経営者に「もっと収益を上げられるはずだ、もっと頑張れ」と言う機会は増えていくと思われます。

大企業が、組織内部の規律の緩みがないように気をつけることを「**コーポレートガバナンス（企業統治）**」と言います。日本の大企業は、入社してからずっとその会社に勤めてきた人間の集団であることが多く、

308

消費増税、TPP協定、成長戦略　第9章

団結心が強い一方で、内弁慶であったり、なれ合ってしまったりといった危険もあります。コーポレートガバナンスの強化は、こうした大企業の体質の変革につながるでしょう。

　高齢化社会では、家計の立場は「労働の供給者」から「老後に向けた資産の運用者」や「投資家」に比重が移ります。そうなると、**資産の一部を、これまで運用してきた国債や預金（元本は保証されているが受け取る利子は定額）よりも「リスクは高いが収益も高い」運用先、つまり株式（元本は保証されていないが、企業が高い利益を得れば得るほど受け取る収益は高くなる）に振り替えていく**ことになります。今後株主の声が強まり、コーポレートガバナンスが強化されていくと述べた背景には、このような構造変化があります。こうした変化も日本全体として、企業の収益性を高める要因になると思われます。

4 まとめ

　さて、経済成長をめぐり、いろいろな論点について考えてきました。経済学の視点で考えてみると、見えている風景が変わってきましたか？もし、これまで見えていなかったものが見えたとすれば、筆者としても嬉しいですし、今後それを大事にしてほしいと思います。

　経済成長に関してはまだまだ話題は尽きません。たとえば、次のような意見もよく聞かれます。皆さんはどう考えるでしょうか。

「ある特定の産業、たとえば太陽光などの再生可能エネルギー発電の産業は、政府がリードして育成すべきだ」

「日本の大企業でも不振が続いて海外の企業が買収する例もある。国が中心となってお金を出す"官民ファンド"に買われた方が安心だ」

「日本では最近、企業の新規開業が減っている。ベンチャー企業への投資も国際的に見て少ない。その意味で経済の新陳代謝が弱まっている。これは日本人の気質、文化の問題だろうか。なにか打つ手はないのだろうか？」

　こうした問題を自分で考えるときに、本書で学んだ「経済学のメガネ」が役立つことを心から願っています。

おわりに

　第２次安倍内閣が2012年12月にスタートしてから３年以上が過ぎました。その間に、参議院選挙が行われ、2014年12月には衆議院総選挙も行われました。そして今年（2016年）の夏には、参議院選挙が行われます。その選挙からは、選挙権年齢が引き下げられ、18歳以上の皆さんが有権者になることになりました。

　選挙とは、国民が自分たちの未来を選択する機会であり、国民が政治に意見を表現、表出する手段でもあります。私は、大学の教室で学生たちに、「過去は変えられないけれども、未来は変えられる。しかし、未来を変えるためには、現在を変えるしかない」と伝えています。未来を変えたいと思えば、それは「未来で変える」のではなく、「現在を変える」ことが必要なのです。

　また、「過去」や「現在」の選択は、「未来」に大きな制約条件を課してしまうということも、私たちは知っているはずです。たとえば、国や地方の借金問題、年金をはじめとする社会保障問題などは、「過去」と「現在」をつなぐ問題です。

　もし、現在に生きる皆さんが、タイムマシーンを使って、「過去」にタイムスリップすることができるのであれば、「歴史の教訓」を「過去」の世代に伝えることができます。そうすれば、「現在」の状況を変えることができるかもしれません。あたかも広末涼子さんが主演した『バブルへGO!!』という映画のように。

　日本経済が「バブル景気」で華やかで、それに酔い、浮かれている頃、私はちょうど小学生でした。東京の繁華街では派手に踊る人々、テレビではトレンディードラマが最盛期の時代でした。企業の新卒採用も盛んで、「青田刈り」という言葉も盛んに使われていました。私は、テ

おわりに

レビの中の「現実」が大人の世界だと思い、大学生になったら、大人になったら、こんな世界が待っているのだと思いました。

しかし、「バブル」は弾け、雲散霧消と化し、私の世代が大学を出て、社会に出る頃、「就職超氷河期」と呼ばれる世界が待っていました。まさに、「夢」が「夢」のままに終わってしまいました。そうした私たちの世代のことを世間では「ロストジェネレーション世代」と呼びます。

私が大学生の頃、「失われた10年」と言われていました。それも今や「失われた20年」と言われています。その20年間の中で景気がよくなった時期もありますが、1990年代以前までの「華やかさ」を取り戻すことはできていないようです。もちろん、「バブル」の華やかさを取り戻すのがよいことなのかどうかはわかりませんし、なにを取り戻すべきなのかも、はっきりとはしていません。

1990年代を思い出そうとすると、私の記憶は、カラーではなく、白黒のモノトーンの記憶になります。経済の状況が悪くなり、生活が厳しくなっていく。皆の笑顔が少なくなっていく。この20年間で、何度もそうした状況が生まれたと思います。なぜ経済は悪くなっていくのか、どうすれば経済はよくなるのか。どうすれば、みんなが笑顔で暮らすことができるのか。そうした悩みの繰り返しでした。

私たちはタイムマシーンを持っていませんし、仮にタイムマシーンを持っていたとしても、当時の政策決定者たちが、未来からやってきた得体の知れない私たちの意見に耳を貸してくれるとは思えません。また、人々は短期的な合理性を過大に評価し、中長期的な合理性を過小に評価しがちです。

それでは、どうしたらよいのでしょうか。答えは簡単です。「過去」の選択から教訓を学び、適切な「メガネ」（理論）をかけて、自分の頭で考え、それを信じて、自ら「現在」を変える行動をすることです。本書は、そのために、皆さんに「メガネ」を提供し、皆さんに自分の頭で

考えてもらうことを目的に執筆された本です。

　この本で問われた問題には、唯一、絶対的に正しい「正解」はありません。「メガネ」が違えば、異なった風景が見えます。さまざまな「正解」が導き出され、それをみんなで議論し、みんなが責任を持って決めていくことが大切ですし、それが民主主義の本質だと思います。こうした経験を繰り返していくことで、民主主義は成熟していきます。

　誰かが「答え」を教えてくれることを期待し、待っているだけでは、「現在」を変え、「未来」を変えることはできません。確かに、誰かが「答え」らしきものを教えてくれることはあります。そのときに、心地よい音色の「答え」であれば、賛同する人も多いでしょう。一方、社会をよくするためにはぜひともやらなければならないことでも、痛みを感じる「答え」の場合には、なかなか賛同する人が少ないのも事実です。これが民主主義という仕組みの問題点でもあります。それを乗り越えていくためにも、自分の頭で考え、社会にとって本当に必要な「選択」を行っていくことが大切だと思うのです。

「不作為の罪」という言葉があります。これは「知っていて、なにか対応をする責任があるのに、放置してしまう」ことも「罪」だということです。政府の政策は、失敗するときもあります。そういうときは多くの非難を浴びるでしょう。

　しかし、失敗を恐れて、なにもしないことも「罪」なのです。政府が「不作為の罪」を犯さないように、私たちは、ときに、厳しい監視者、ときに柔和な評価者として、政府の政策を見極めていく必要があると思います。

　最後に、本書が執筆された経緯について、少しだけ紹介をしておきます。本書が執筆されることになったきっかけは、2014年11月に遡ります。千葉県内で開催された高校の先生方の研修会に、川本明先生を講師にお招きし、その研修会後に、私が運転する車の中で、本書の企画が着

おわりに

想されました。研修会のテーマが「高校生にどのように経済を教えるか」という内容で、川本先生が、講演の準備のため、高校の公民科のテキストや資料集を研究されたところ、「事実」が網羅的に書かれており、それは素晴らしいが、自分で「考える」という要素が見受けられないという問題点を指摘されました。また、「今後まだ検証が必要な現代の経済政策について、一方的な見解で評価されている部分がある」という指摘もされ、私もそれが「正しい答え」になってしまうことに強い危機感を覚えました。

そこで、経済学の基本的な理論を理解して、現代社会の問題を考えることができるテキスト、すなわち経済に関わる「市民リテラシー」を養成するテキストが必要なのではないか、ということになったのです。

こうした問題意識に基づき、出版の企画書と研究プロジェクトの企画書を川本先生と作成し、共感していただけると信じたPHP研究所専務取締役の永久寿夫さんにご提案をしたところ、私たちの趣旨に快く賛同いただき、研究会形式で議論を重ねていくことになりました。また、中里透先生には本書のプロジェクト発足時から参加をお願いし、研究会の形式、本書の内容、構成についてさまざまなご助言をいただきました。野坂美穂先生にもプロジェクト発足時から参加いただき、細部にわたって気配りをしていただき、有益な示唆をいただきました。

研究会は2015年4月から、月1回の頻度でスタートし、公益社団法人日本経済研究センターアジア予測班総括／主任研究員（当時）の増島雄樹さん、I-Oウェルス・アドバイザーズ株式会社代表取締役社長の岡本和久さん、東京大学大学院経済学研究科教授の大橋弘先生、慶應義塾大学経済学部教授の小林慶一郎先生をお招きし、議論をさせていただきました。小林先生には、本書の執筆にも加わっていただくことになり、私たちにとって心強い援軍となりました。

本書における理論部分については、大橋弘先生と中里透先生から適切なご指摘、ご助言をいただきました。とはいえ、本書において不適切な

315

表現や誤りがあれば、執筆者の責任であることを申し添えます。また、PHP研究所の中村康教さんと宮脇崇広さんには、かなりタイトな編集スケジュールの中で、忍耐強く、寛容に、著者たちを励まし続けていただきました。本書の出版にご協力をいただきました皆様に、この場を借りて心より感謝を申し上げたいと思います。

　本書をきっかけに、多くの方が「経済学のメガネ」をかけて考え、「未来」を変えるために行動をしていただければ、ここでお名前を挙げていない方も含む、すべての方へのご恩に少しでもお応えできるのではないかと思います。

　2016年3月

　　　　　　　　　　　　　　　　　　　　　　　　　　矢尾板俊平

〈著者略歴〉

川本 明 かわもと・あきら（第1章・第2章・第9章第3節担当）
慶應義塾大学経済学部特任教授。アスパラントグループ シニアパートナー。
1958年生まれ。1981年、東京大学法学部卒業後、通商産業省（現・経済産業省）入省。1986年、英オックスフォード大学留学、同大学修士号（哲学・政治・経済）取得。OECD事務局勤務、通商調査室長、電力市場整備課長、内閣府参事官（科学技術政策）、RIETI（経済産業研究所）ディレクター、内閣参事官、経済産業政策局大臣官房審議官、企業再生支援機構専務執行役員などを経て2013年より現職。規制改革会議専門委員、フューチャーアーキテクト株式会社取締役なども務める。著書に、『なぜ日本は改革を実行できないのか』（日本経済新聞出版社）、『規制改革』（中公新書）などがある。

矢尾板俊平 やおいた・しゅんぺい
（第3章・第4章・第5章・第9章第2節担当）
淑徳大学コミュニティ政策学部准教授。コミュニティ政策学科長。
1979年生まれ。2008年、中央大学大学院総合政策研究科博士後期課程修了。博士（総合政策）。専門は、公共選択論、経済政策論、総合政策論。三重中京大学現代法経学部専任講師、淑徳大学コミュニティ政策学部専任講師を経て、2013年より同准教授。また2014年より同学科長。この他、中央大学経済研究所客員研究員、静岡県川根本町行政改革推進委員会委員長、川根本町総合計画策定委員会委員長なども務める。著書に、『検証 格差拡大社会』（共著、日本経済新聞出版社）などがある。

小林慶一郎 こばやし・けいいちろう（第6章担当）
慶應義塾大学経済学部教授。キヤノングローバル戦略研究所研究主幹。経済産業研究所ファカルティフェロー。
1966年生まれ。1991年、東京大学大学院修士課程修了（数理工学専攻）後、通商産業省（現・経済産業省）入省。1998年、シカゴ大学大学院博士課程修了（経済学）。中央大学公共政策研究科客員教授、国際大学GLOCOM主幹研究員、一橋大学経済研究所教授などを経て、2013年より慶應義塾大学経済学部教授。著書に、『日本破綻を防ぐ2つのプラン』『日本経済の罠——なぜ日本は長期低迷を抜け出せないのか』（ともに共著、日本経済新聞出版社）などがある。

中里 透 なかざと・とおる（第7章・第9章第1節担当）
上智大学経済学部准教授。一橋大学国際・公共政策大学院客員准教授。
1965年生まれ。1988年、東京大学経済学部卒業。日本開発銀行（現・日本政策投資銀行）設備投資研究所、東京大学経済学部助手などを経て、2007年より現職。この間、経済企画庁経済研究所客員研究員、内閣府経済社会総合研究所客員研究員、参議院企画調整室客員調査員を兼務。財政制度等審議会委員、地方財政審議会特別委員なども務める。専門はマクロ経済学・財政運営。

野坂美穂 のさか・みほ（第8章担当）
中央大学大学院戦略経営研究科助教。淑徳大学兼任講師。
1981年生まれ。2016年、中央大学大学院総合政策研究科博士後期課程在籍。民間企業勤務、淑徳大学サービスラーニングセンター助手などを経て、2015年より現職。主な研究テーマは「被災地における水産業のイノベーションに関する研究—制度・組織デザイン—」。現在、静岡県川根本町総合計画策定委員会オブザーバー（アドバイザー）も務める。

装丁◎萩原弦一郎、藤塚尚子（デジカル）
本文デザイン◎印牧真和
図表作成◎齋藤 稔（株式会社ジーラム）

世の中の見え方がガラッと変わる経済学入門

2016年4月7日　第1版第1刷発行

著　　　者	川　　本　　　　明
	矢　尾　板　俊　平
	小　林　慶一郎
	中　里　　　　透
	野　坂　美　穂
発　行　者	小　林　成　彦
発　行　所	株式会社ＰＨＰ研究所

東京本部 〒135-8137　江東区豊洲 5-6-52
　　　　　ビジネス出版部　☎03-3520-9619（編集）
　　　　　普及一部　☎03-3520-9630（販売）
京都本部 〒601-8411　京都市南区西九条北ノ内町11

PHP INTERFACE　http://www.php.co.jp/

組　　版	株式会社ＰＨＰエディターズ・グループ
印　刷　所	大 日 本 印 刷 株 式 会 社
製　本　所	東 京 美 術 紙 工 協 業 組 合

© Akira Kawamoto/Shumpei Yaoita/Keiichiro Kobayashi/
Toru Nakazato/Miho Nosaka 2016 Printed in Japan
ISBN978-4-569-82989-0
※本書の無断複製（コピー・スキャン・デジタル化等）は著作権法で
認められた場合を除き、禁じられています。また、本書を代行業者
等に依頼してスキャンやデジタル化することは、いかなる場合でも
認められておりません。
※落丁・乱丁本の場合は弊社制作管理部（☎03-3520-9626）へご連
絡下さい。送料弊社負担にてお取り替えいたします。